LEDU
乐读

国际中文阅读教学课本

3

主编 苏英霞
编著 张 倩 种一凡

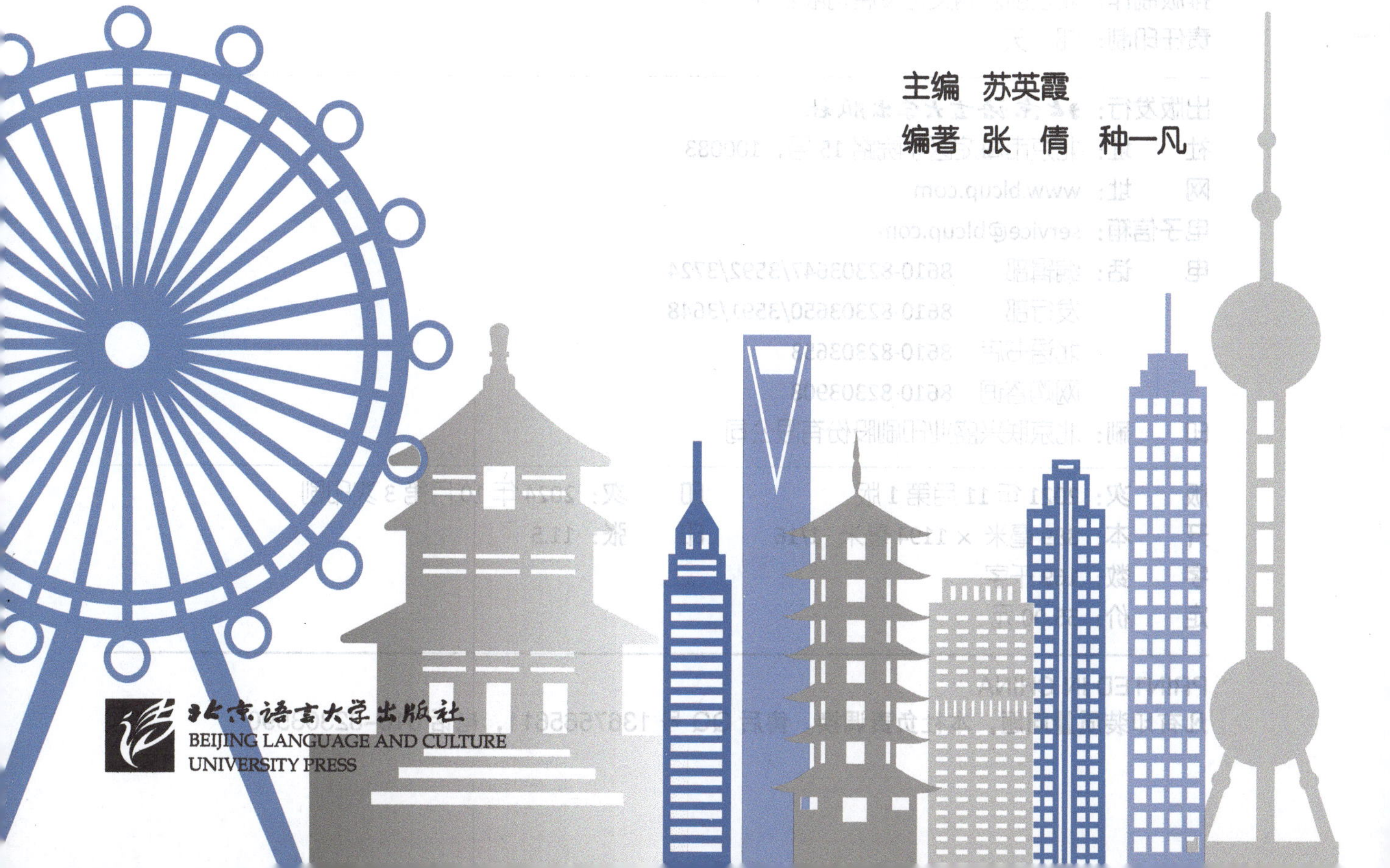

北京语言大学出版社
BEIJING LANGUAGE AND CULTURE UNIVERSITY PRESS

图书在版编目（CIP）数据

乐读 ：国际中文阅读教学课本．3 / 苏英霞主编 ；
张倩，种一凡编著．—— 北京 ：北京语言大学出版社，
2021.11（2024.10 重印）
ISBN 978-7-5619-5859-9

Ⅰ．①乐… Ⅱ．①苏… ②张… ③种… Ⅲ．①汉语－
阅读教学－对外汉语教学－教材 Ⅳ．① H195.4

中国版本图书馆 CIP 数据核字（2021）第 094700 号

乐读——国际中文阅读教学课本 3
LEDU——GUOJI ZHONGWEN YUEDU JIAOXUE KEBEN 3

英文审订：张轶鋆
排版制作：北京创艺涵文化发展有限公司
责任印制：邝 天

出版发行：北京语言大学出版社
社　　址：北京市海淀区学院路 15 号，100083
网　　址：www.blcup.com
电子信箱：service@blcup.com
电　　话：编辑部　8610-82303647/3592/3724
　　　　　发行部　8610-82303650/3591/3648
　　　　　北语书店　8610-82303653
　　　　　网购咨询　8610-82303908
印　　刷：北京联兴盛业印刷股份有限公司

版　　次：2021 年 11 月第 1 版　　印　　次：2024 年 10 月第 3 次印刷
开　　本：889 毫米 × 1194 毫米　1/16　　印　　张：11.5
字　　数：169 千字
定　　价：55.00 元

PRINTED IN CHINA
凡有印装质量问题，本社负责调换。售后 QQ 号 1367565611，电话 010-82303590

前言

《乐读——国际中文阅读教学课本》是中文阅读技能训练教材，全套共6册，适应零起点到中高级水平学生的学习需求。

1. 编写理念

本教材以培养汉语学习者中文阅读能力为目标，针对汉语学习者中文阅读难点和阅读能力提升需要，进行教材内容的设计与编写，突出阅读教材特色。我们认为，阅读教学的目的不能止于帮助学生读懂一篇文章，还要让学生学会怎样读懂一篇文章，通过有针对性的训练帮助学生提高中文阅读能力，即所谓“授之以渔”。阅读教材不同于一般读物，应为学习者阅读能力提升和教师进行阅读技能训练提供丰富而适用的学习和练习素材。

2. 教材特色

（1）定位明确，特色突出。本教材以阅读技能训练为核心，重视阅读理解能力的培养，基本不设口头表达等语言输出型练习。

（2）学、练素材丰富。本教材第一、二册为阅读入门阶段，以集中识字、提升词汇量为主，辅以句子和短文阅读，为进一步的阅读训练打下基础。从第三册开始，每课均包含“知识银行”“技巧训练”“阅读实践”三个主要板块，并针对细读、略读、查读几种阅读方式提供了相应的阅读材料，可以充分满足学生提升中文阅读能力时在语言知识积累、阅读技巧训练和阅读实践方面的需要。

（3）体裁、题材多样。为使学习者熟悉不同体裁和题材的中文阅读材料，本教材在课文体裁与题材的选择上注重多样化。课文体裁包括记叙文、应用文、议论文等，题材涉及学习、生活、自然、科技、社会与文化等多个方面。在“实况阅读”部分，还为学生提供了招牌、海报、启事、网络帖子等日常生活中随处可见的文字材料。

（4）训练层次清晰。本教材在体例设计上重视技能训练的科学性与层次性，从知识到技能再到实践，步步推进。在课文部分，教材提供了分步阅读指引，每个步骤均设计了有针对性的阅读理解练习，便于师生使用。

本教材的编者均有丰富的汉语教学经验，教材在正式出版之前在北京语言大学汉语速成学院速成系进行了五个学期的试用，并根据师生反馈的意见进行了多次修改。我们希望能够给大家呈现一套特色鲜明又好学易用的阅读教材，同时，也真诚地期待国际中文教育领域各位专家和同人关注这套教材并不吝赐教。

感谢各位作者的辛勤工作，感谢北京语言大学出版社对国际中文教材编写一如既往的支持和坚持不懈的努力，感谢为这套教材的编辑出版做出卓越贡献的编辑团队。

苏英霞

2021年4月

本册使用说明

《乐读——国际中文阅读教学课本》是针对汉语学习者编写的阅读技能训练系列教材，按照难度等级分为六册。各分册在阅读材料主题选择、学习目标设定等方面各有侧重。本册为第三分册，目标群体为已基本掌握 HSK 一至三级词汇的学习者。本册教材旨在帮助初级水平汉语学习者储备相关主题核心词汇，增强语感；掌握实用的阅读技巧及策略，提高阅读理解速度和准确度，逐渐养成良好、高效的阅读习惯；丰富相关主题的社会、文化背景知识，培养阅读兴趣，体验阅读乐趣。

1. 内容简介

本册共十二课，选取的阅读材料体裁以记叙文、报道、介绍性说明文、应用文为主，内容涵盖衣食住行、婚姻家庭、经济生活、语言文化等方面。所选材料自然真实，具有较强的实用性和趣味性，力求体现“乐读”系列教材的编写理念。在阅读材料难度设置方面，本册教材课文主要覆盖 HSK 一至三级词汇，生词以 HSK 三、四级词汇为主，也有少量与主题相关的 HSK 四级以上和大纲以外的词汇。

本教材将语言知识学习、阅读技巧训练与阅读实践相结合，重视教学内容设计的科学性、系统性。具体体例安排如下：

第一部分：知识银行。包括常用字、常用书面词语及常用句式的讲解与练习，旨在有意识地培养初级水平汉语学习者汉字、书面词语及句式的学习策略，丰富其知识储备。

第二部分：技巧训练。每课针对词义或句义理解方面的某一类阅读技巧进行集中讲解和训练，引导学习者理解并运用一些最基本的阅读技巧策略，如：运用汉字知识猜测字义，通过语素义和词语内部结构推测词义，通过搭配的词语、同现的反义词或近义词、词语的色彩义等准确把握词义，利用缩略法、关联词、形式标志等准确理解句义，等等。

第三部分：阅读实践。包括精读、泛读、实况阅读三大部分。精读与泛读部分包括常见主题核心词汇与扩展词汇学习、热身练习、课文内容理解练习、句义理解及词义理解等内容，并在此基础上引导学习者把握课文主旨，运用本课主题核心词汇进行简短的相关介绍、观点表达等。实况阅读部分包括两类：第一类，应用文阅读，如各类广告、海报、招聘启事等生活类信息，是学习者在日常生活中会广泛接触并急需学习阅读方法的汉语信息，实用性强；第二类，信息查找，如查看价目表、租房信息、旅游信息等生活服务信息，任务设计突出实用性，旨在帮助学习者解决日常生活中的常见问题。

第四部分：趣味汉语。包括趣味小知识、熟语、流行语、小笑话等，以调节阅读节奏与强度，做到有张有弛。

2. 教材使用建议

教材使用应遵循“精讲多读”“学以致用”“快乐阅读”的原则。阅读内容教学方面，力求使学习者通过本课的学习掌握本课主题最核心的基本词汇，准确把握相关字义、词义、常用扩展用法及常用句型。阅读技巧方面，初步培养学习者根据阅读目的及体裁等的不同，选择相应阅读方式的能力，通过大量针对性技巧训练及综合运用训练，帮助初级水平汉语学习者逐渐克服汉字阅读畏难情绪，训练学习者在茫茫“字海”中尽快捕捉有用信息的能力。实况阅读部分，建议教师给出范例，布置课下阅读实践任务，将阅读有效扩展至真实的社会环境之中。

本教材基本按照通行的阅读课堂教学步骤编写，教师可按照教材建议的步骤安排教学内容，亦可根据学习者特点及教学实际对教材内容进行取舍。课时分配建议如下：4～5课时完成一课，第1课时完成知识银行、技巧训练及精读的生词学习部分，第2～3课时完成热身练习及精读的课文部分，第4课时完成泛读部分，第5课时完成实况阅读部分。要求学习者课前只预习知识银行及精读的生词学习部分，不预读课文；要求学习者课后认真复习，将所学词语、句式、阅读技巧等知识进行梳理归类，并储备于自己的“知识银行”之中。

以上建议仅供参考，教师可根据学习者汉语水平、课程设置等具体情况对教材中的设计安排进行灵活调整。在此诚挚欢迎广大专家、同人、汉语学习者对本册教材批评指正。

编者

2021年3月

目录

第一课　民以食为天

第一部分：知识银行

（一）常用字

1 食 shí 

象形字（xiàngxíngzì，pictographic character），字形是盛满食物的容器的样子，上部是容器的盖子，下部是放满了食物的器皿。

现代汉语常用义：吃；吃的东西；吃饭。一般做构词语素，不单独使用。

例：饮食　甜食　肉食　食堂

练习：选择合适的词语填空

A 丰衣足食（fēngyī-zúshí）　B 零食（língshí）　C 素食（sùshí）

（1）他们生活幸福，________。

（2）他喜欢________，很少吃肉。

（3）很多小朋友喜欢吃________，比如糖果、牛肉干儿什么的。

2 重 zhòng 

会意字（huìyìzì，associative compound），字形由“”（人）和“”（东）两部分组成，指人负重物。

现代汉语常用义：重量；重量大；程度深；重要；重视；等等。可单独成词，也可做构词语素。

例：体重（tǐzhòng，weight）　严重（yánzhòng，serious）　重要

敬重（jìngzhòng，highly esteem, deeply respect）

练习：选择合适的词语填空

A 重视　B 重　C 头重脚轻

（1）听说他病得很________。

（2）他发烧了，觉得________。

（3）他很________这次考试，一直在认真准备。

（二）常用书面词语

1 但： 连词，意思是“但是”。

（1）这家饭馆不大，但很有名。

（2）这份工作比较辛苦，但我很喜欢。

2 时： 名词，意思是“……的时候”。

（1）他看书时喜欢听音乐。

（2）工作时他很认真。

（三）常用句式

……，因此……

（1）这家饭馆很有特色，因此生意特别火。

（2）这个牌子的饮料口感很好，因此很受年轻人欢迎。

练习：用“……，因此……”改写句子

（1）路上可能会堵车，所以我们得提前一个小时出门。

____

（2）因为周末天气不好，我们决定不去爬长城了。

____

第二部分：技巧训练

技巧（一）：运用汉字知识推断（tuīduàn，to infer）字义

遇到不认识的汉字，有时我们可以根据汉字知识，比如偏旁，来推断汉字的意思。

Radical	Meaning	Examples	Radical	Meaning	Examples
亻	person	他　位	彳	to be related to streets, crossroads	往　行

（续表）

Radical	Meaning	Examples	Radical	Meaning	Examples
口	mouth	喝　吃	囗	border, surrounding	国　园
讠	speech	说　话	女	female	妈　姐
冫	cold	冷　凉	氵	water	洗　清
日	sun, time	时　晚	月	time, light (mostly on the right)	期　朝
木	wood	桌　板		body, meat (mostly on the left)	肚　胖
饣	food	饭　馆	扌	hand	打　扫
火	fire	炎　烧	灬	fire	热　煮
皿	vessel	盒　盆	车	vehicle	辆　辅
酉	alcohol, ferment	醉　醋	舟	boat, ship	船　般
田	field, cropland	界　留	米	rice	粮　糖
禾	standing grain (especially rice)	秋　和	舌	tongue	甜　舔

练习：猜一猜画线词语的意思

（1）菜刚做好，太烫了。

A 非常饿　　B 非常热　　C 非常好吃

（2）这种苹果比较酸，再看看别的吧。

A 一种味道　　B 一种颜色　　C 一种吃的东西

（3）这个电视节目介绍了糍粑的做法。

A 一种衣物　　B 一种用的东西　　C 一种吃的东西

（4）有人说："外国人用'脑'吃饭，中国人用'嘴'吃饭。"

①"脑"是：

A 一个时间　　B 一种方法　　C 身体的一部分

②"嘴"是：

A 工具　　B 口　　C 肉

（5）吃柠檬对身体有什么好处？

A 一种方法　　B 一种运动　　C 一种水果

第三部分：阅读实践

（一）精读

1 生词学习

1	嘴	zuǐ	N	mouth	一张嘴；张开嘴 汤很热，有点儿烫嘴。
2	脑	nǎo	N	brain	大脑；脑子 他脑子非常聪明。
3	重视	zhòngshì	V	to attach importance to, to think much of	重视健康；重视学习； 对……很 / 不重视 有些人对早饭不太重视。
4	营养	yíngyǎng	N	nutrition	有营养；营养丰富 牛奶营养丰富。
5	文化	wénhuà	N	culture	饮食文化；传统文化 每个国家都有自己的饮食文化。
6	丰富	fēngfù	Adj	rich, abundant	营养丰富；丰富的生活 苹果营养很丰富。
			V	to enrich	丰富生活 美食丰富了人们的生活。
7	味道	wèidao	N	taste	味道鲜美；品尝味道 中国人非常重视菜的味道。
8	麻辣烫	málàtàng		Spicy hot pot	
9	麻婆豆腐	mápó dòufu		Mapo tofu (stir-fried tofu in hot sauce)	
10	适合	shìhé	V	to suit, to be fit for	这种颜色不适合我。 他很适合做这个工作。
11	满	mǎn	Adj	whole, full	满桌；坐满 满桌都是地道的四川菜。 看到美食让人满心欢喜。
专有名词					
	四川	Sìchuān	PN	Sichuan, a province of China	

2 热身练习

（1）为下面的词语找出相应的图片

①味道：酸________ 甜________ 辣________ 苦________

咸________ 鲜________ 麻辣________

A

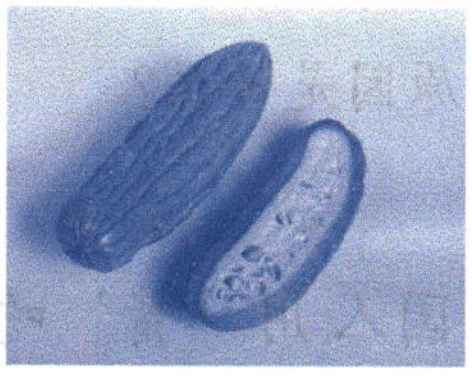
B

C

D

E

F

G

②辣椒（làjiāo）________ 火锅（huǒguō）________ 麻婆豆腐________

A

B

C

（2）选择合适的词语填空

A 适合　B 味道　C 重视　D 丰富　E 营养

①这家超市的商品很________。

②学习外语时，我特别________语法。

③有些东西只是好吃，但是没什么________。

④她给大家介绍了几种________小朋友吃的菜。

⑤这几个家常菜让人想起家的________和温暖。

3 课文：中国人用“嘴”吃饭

► 第一步：读前思考，读后回答

思考题：

（1）中国菜的特点是什么？

（2）现代中国年轻人最喜欢什么口味？原因是什么？

1 有人说：“外国人用‘脑’吃饭，中国人用‘嘴’吃饭。”外国人比较重视营养，吃什么、怎么吃首先想的是要有营养；中国人讲究菜要色、香、味、形、意都好。中华饮食文化非常丰富，一道菜要颜色漂亮、味道香、口感好、样子好看，还要有美好的意义。

2 色、香、味、形、意中，味是第一位的。以前中国有句话说：“南甜北咸，东辣西酸。”意思是各地的人们各有所爱。而现在有越来越多的人爱上了辣，可以说是无辣不欢。其实辣椒来到中国还不到400年，但现在很多年轻人已经离不开辣了。四川菜又麻又辣，是很多年轻人的最爱。川菜馆在很多地方都很受人们的欢迎，很多人都爱吃麻辣火锅、麻辣烫和麻婆豆腐。

3 为什么辣更适合年轻人的口味呢？辣味儿能让人感到温暖和快乐，而且红红的辣椒看着就让人满心欢喜，很有食欲，因此更受年轻人喜爱。

（课文字数：334字）

► 第二步：根据课文内容判断对错（在括号中填“对”“错”或“没提到”）

（1）中国人认为，菜有没有营养没关系。（ ）

（2）很多年轻人特别喜欢吃川菜。（ ）

（3）辣椒最早产自中国。（ ）

► 第三步：根据课文内容填空

（1）外国人用“脑”吃饭，中国人用“________”吃饭。外国人更重视________，中国人更重视________。（第1～2段）

（2）中国有句话说：“南________北________，东________西________。”（第2段）

（3）川菜的味道是________。（第2段）

▶ 第四步：句义理解

（1）各地的人们各有所爱。（第2段）

____

（2）可以说是无辣不欢。（第2段）

____

▶ 第五步：词义理解（从课文中找出与下列说法意思相近的词语）

（1）认为……重要（第1段）——

（2）吃在嘴里的感觉（第1段）——

（3）很多人喜欢（第2段）——

（4）觉得开心（第3段）——

（5）所以（第3段）——

▶ 第六步：朗读课文

（二）泛读

____

1　中国古人说："民以食为天。"对人们来说，吃饭是最重要的事情。中国有五千多年的历史，有丰富的饮食文化，吃饭时也就有了很多规矩，比如说：

2　规矩一：很多人一起吃饭时，先请客人或者最年长的人入座，客人一般会等主人安排后再入座。

3　规矩二：开始吃饭时，请客人或者最年长的人先动筷子；每上一道菜，都要请客人或者最年长的人先品尝。

4　规矩三：有时主人会为客人夹菜，放在客人的盘子里，这是对客人的热情。

5　规矩四：吃饭时不能用筷子敲碗、盘子；筷

生词：

1. 历史　lìshǐ　N
   history
2. 规矩　guīju　N
   rule, conventional practice
3. 安排　ānpái　V
   to arrange
4. 敲　qiāo　V
   to knock

子也不可以竖着插在米饭里，这是不礼貌的。

6　规矩五："食不言"，吃东西时不讲话；同样，看到别人嘴里有食物，也不要去跟人讲话。

7　规矩六：年轻人为客人或者长辈倒茶、倒酒。

8　规矩七：给人倒茶时，只倒七分满，还有三分是对客人的热情，而且也不会烫手；但倒酒时，一般要倒满，意思是满满的尊重和友情。

9　规矩八：年轻人向年长的人敬酒时，一般双手拿杯子，杯子要拿得比对方低一点儿，这是对年长的人的尊重；看到别人正在夹菜，先不要敬酒。

10　规矩九：慢慢地品尝每一道菜，如果菜只上了一半，客人就说吃饱了，这是不礼貌的；吃完饭以后，客人一般会向主人说几句感谢的话。

（课文字数：466 字）

5. 竖　shù　Adj
vertical

6. 礼貌　lǐmào　Adj
polite, courteous

7. 倒　dào　V
to pour

8. 尊重　zūnzhòng　V
to respect, to esteem

9. 敬酒　jìng jiǔ
to propose a toast

1　内容理解

（1）最适合做本文标题的是：

A 中国人吃饭的规矩　　B 中国人怎么请客

C 中国的饮食文化　　D 中国人的礼貌

（2）"民以食为天"的意思是：

A 人们喜欢吃　　B 人们觉得吃非常重要

C 人们每天要吃饭　　D 为了吃，人们要每天工作

2　根据课文内容判断下面的行为是否礼貌

行为	礼貌	不礼貌	没提到
（1）筷子竖着插在米饭里			
（2）长辈先夹菜，其他人再开始吃			
（3）坐在自己想坐的位子上			

（续表）

行为	礼貌	不礼貌	没提到
（4）年轻人给长辈倒茶			
（5）倒茶时，要倒满			
（6）敬酒时，杯子比长辈拿得高一些			
（7）酒杯倒满以后一口喝完			

3 为下面的词语找出相应的图片

（1）倒茶________ （2）入座________ （3）夹菜________ （4）敲碗________

A

B

C

D

4 说一说

你们国家在吃饭时有哪些规矩？

（三）实况阅读

1 你在美食网站上找到一家特色小馆

小西湖

（五道口店）¥70/人

杭帮菜 ★★★★☆

口味：8.6 **环境：**8.1 **服务：**7.2

地址：成府路66号（美联商场6层）

电话： 010-32386688

优惠： 满 200 元送美味蛋糕

营业时间： 11:30—21:30

入选“美食美味”榜单

网友推荐

西湖醋鱼、龙井虾仁、元宝虾、东坡肉、老豆腐煲、哇哈哈鲜鱼、老鸭煲、蟹粉狮子头、榴梿酥、糯米藕、南瓜酥、萝卜酥、竹荪菌菇汤

网友点评（6085）

★★★☆☆ ¥75/ 人

不到 5 点半已经开始等位了。看点评说菜量小，但觉得还可以啊。口味不错，但海鲜不怎么新鲜。

★★★★☆ ¥65/ 人

服务很好，环境舒服。尝了东坡肉，一份很大，油腻，不适合我。豆腐汤很受欢迎；牛排不太大，但味道正宗；炒饭很受小朋友欢迎。

★★★☆☆ ¥70/ 人

菜品都还不错，价格偏贵，菜量不大。环境很好，但服务员上菜较慢、态度一般。大厅里大部分是大圆桌，还有不少包间，比较适合聚会。

（1）根据网友点评，向朋友介绍一下儿这家饭馆的菜品、价格、环境和服务。

菜品	价格	环境	服务

（2）周末你想和几个朋友聚餐，这家店适不适合？说说理由。

____

2 信息查找

（1）西湖醋鱼（Xīhú cùyú）非常有名，是哪儿的特色菜？

____

（2）成都（Chéngdū）是中国的美食城，去成都玩儿一定要尝一种面条儿，叫什么？

____

（3）哪儿的人爱喝豆汁儿（dòuzhīr）？

____

（4）在哪儿能尝到最正宗（zhèngzōng，authentic）的狗不理包子？

____

（5）西安（Xī'ān）最有特色的美食是什么？

____

中国各地特色美食

北京（Běijīng）	北京烤鸭（Běijīng kǎoyā）
	涮羊肉（shuàn yángròu）
	炒肝儿（chǎogānr）
	豆汁儿（dòuzhīr）
	打卤面（dǎlǔmiàn）
天津（Tiānjīn）	狗不理包子（Gǒubulǐ bāozi）
	桂发祥麻花（Guìfāxiáng máhuā）
	耳朵眼儿炸糕（Ěrduoyǎnr zhágāo）
	煎饼馃子（jiānbing guǒzi）
曲阜（Qūfù）	满汉全席（Mǎn-Hàn quánxí）
	一品锅（yīpǐnguō）
	黄焖鸡（huángmènjī）
	八仙过海（bāxiān-guòhǎi）
西安（Xī'ān）	羊肉泡馍（yángròu pàomó）
	肉夹馍（ròujiāmó）
	biángbiáng 面

（续表）

苏州（Sūzhōu）	春卷（chūnjuǎn）
	酱鸡（jiàngjī）
	酱汁肉（jiàngzhīròu）
	松鼠鳜鱼（sōngshǔ guìyú）
南京（Nánjīng）	盐水鸭（yánshuǐyā）
	煮干丝（zhǔ gānsī）
	鸭血粉丝汤（yāxiě fěnsī tāng）
	蟹黄汤包（xièhuáng tāngbāo）
上海（Shànghǎi）	八宝鸭（bābǎoyā）
	三黄鸡（sānhuángjī）
	松江鲈鱼（Sōngjiāng lúyú）
	小笼包（xiǎolóngbāo）
	生煎包（shēngjiānbāo）
杭州（Hángzhōu）	西湖醋鱼（Xīhú cùyú）
	龙井虾仁（lóngjǐng xiārén）
	东坡肉（dōngpōròu）
	干炸响铃（gānzhá xiǎnglíng）
	定胜糕（dìngshènggāo）
重庆（Chóngqìng）	来凤鱼（láifèngyú）
	壁山兔（bìshāntù）
	重庆火锅（Chóngqìng huǒguō）
	重庆小面（Chóngqìng xiǎomiàn）
成都（Chéngdū）	夫妻肺片（fūqī fèipiàn）
	担担面（dàndànmiàn）
	麻婆豆腐（mápó dòufu）
	冒菜（màocài）

（续表）

广州（Guǎngzhōu）	肠粉（chángfěn）
	盐焗鸡（yánjújī）
	烤乳猪（kǎo rǔzhū）
	艇仔粥（tǐngzǎizhōu）

第四部分：趣味汉语

（一）春节的饺子

过年的时候，中国南方人习惯吃汤圆（tāngyuán，dumplings made of glutinous rice flour served in soup），而中国北方人习惯吃饺子。春节的饺子最特别的是饺子馅儿（xiànr，filling），人们常常在饺子馅儿里放硬币（yìngbì，coin）、豆腐或枣（zǎo，Chinese date）。要是吃到硬币，意思是来年你会有很多钱；要是吃到豆腐，来年你会福气多多；要是吃到枣，来年你会过得很好。

春节的饺子在除夕（Chúxī，Chinese New Year's Eve）的晚上就要包好。到晚上十二点的时候，一家人会坐在一起吃饺子、吃年夜饭，希望新的一年过得更好。

（二）吃的智慧

想想下列熟语的意思

- 茶七，饭八，酒十分
- 早吃好，午吃饱，晚吃少
- 开门七件事，柴米油盐酱醋茶（chái mǐ yóu yán jiàng cù chá，daily necessaries: firewood, rice, oil, salt, soy sauce, vinegar, and tea）

附：常用汉字部首表

Radical	Meaning	Examples	Radical	Meaning	Examples
亻	person	他 位	彳	to be related to streets, crossroads	往 行

（续表）

Radical	Meaning	Examples	Radical	Meaning	Examples
口	mouth	喝　吃	囗	border, surrounding	国　园
讠	speech	说　话	女	female	妈　姐
冫	cold	冷　凉	氵	water	洗　清
日	sun, time	时　晚	月	time, light (mostly on the right)	期　朝
木	wood	桌　板		body, meat (mostly on the left)	肚　胖
阝（左）	fence	院　除	扌	hand	打　扫
阝（右）	city	郊　都	纟	silk	纸　红
刂	knife	到　刚	刀	knife	剪　切
心	thinking, feeling	感　急	忄	thinking, feeling	情　快
火	fire	炎　烧	灬	fire	热　煮
辶	to walk	远　近	钅	metal	钱　钢
犭	animal	狗　猴	饣	food	饭　馆
目	eye	眼　睛	𧾷	foot	路　跑
艹	grass	苹　茶	⺮	bamboo	笔　筷
宀	roof	客　家	穴	cave	空　穿
广	room	库　店	疒	illness	病　疼
尸	room	屋　层	户	door	房　扇
礻	to pray	祝　福	衤	clothes	裤　裙
攵	action or movement of the hand	教　数	雨	rain	雪　露
土	soil	尘　地	石	stone	研　础
山	hill, mountain	峰　岛	身	body	躲　躺
耳	ear; to listen	聪　取	页	page	顶　预
马	horse	骑　驾	牛	ox	特　物

（续表）

Radical	Meaning	Examples	Radical	Meaning	Examples
羊	sheep, goat	群 善	虫	insect	蛇 虾
鱼	fish	鲜 鲸	鸟	bird	鸡 鸭
王	jade	球 玩	贝	money	贵 货
皿	vessel	盒 盆	车	vehicle	辆 辅
酉	alcohol, ferment	醉 醋	舟	boat, ship	船 般
田	field	界 留	米	rice	粮 糖
走	to walk	赶 超	见	to look	览 观
力	strength	动 助	巾	cloth	带 帽
门	door	间 问	风	wind	飘 飓
立	to stand	竖 站	毛	fur	毯 毽
禾	standing grain (especially rice)	秋 和	舌	tongue	甜 舔

第二课　货比三家

第一部分：知识银行

（一）常用字

1　品　pǐn 

会意字，由三个“口”组成，本义是数量多，引申为事物的类别和等级。

现代汉语常用义：物品；种类；等级；品质；品评好坏；等等。除“品评好坏”义项外，一般做构词语素，不单独使用。

例：商<u>品</u>　产<u>品</u>（chǎnpǐn，product）

　　上<u>品</u>（shàngpǐn，top grade）　<u>品</u>茶

练习：选择合适的词语填空

A 礼品　　B 用品　　C 品酒师

（1）他去超市买了一些生活________。

（2）她是一位________。

（3）这些________包装（bāozhuāng，to pack）得很漂亮。

2　物　wù 

会意兼形声字（huìyì jiān xíngshēngzì，associative and pictophonetic character），“物”的本义指杂色的牛。“牛”为意符，“勿”为声符，同时也表意。“勿”的本义是杂色的旗子，杂色有“众多”的意思，所以“物”也指万事万物。

现代汉语常用义：东西；事物。一般做构词语素，不单独使用。

例：动<u>物</u>　<u>物</u>品（wùpǐn，goods, article）

　　礼<u>物</u>　博<u>物</u>馆（bówùguǎn，museum）

练习：根据提示，猜词语

（1）吃的东西：________物

（2）这些书都是给小孩子读的：儿童________物

（3）Harry Potter、Superman 是小说和电影里的人：________物

（二）常用书面词语

1 自／从……起：意思是“从……开始”。

（1）自今日起至 1 月 1 日，本店部分商品半价。

（2）从下周起，学校放假。

2 为：动词，意思是“是”。

（1）考试时间为两小时。

（2）公司上班时间为上午 9:00 至下午 5:00。

（三）常用句式

既然……，就……

（1）既然你这周没有时间，那就下周再去吧。

（2）既然父母不同意你去国外工作，你就别去了。

练习：组句

（1）决定　你　参加　既然　比赛，　认真　那　准备　就

____

（2）他　已经　既然　错　了　知道，　不要　我们　再　说　了　就

____

第二部分：技巧训练

技巧（二）：通过词缀（cízhuì，affix）猜测词义

汉语中有一些类似词缀的语素，在词语中位置固定，构词能力强。阅读时遇到不认识的词语，有时可以通过词缀猜一猜词义，例如“家”“者（zhě，person/-er）”“手”“热”等。

（1）家：从事某种专门活动或掌握某种专门知识的人，如作家、商家、科学家。

（2）者：可指代人、事、物，如记者、前者。

（3）手：擅长（shàncháng，to be good at）做某事或有某种技能（jìnéng，skill）的人，如篮球高手、歌手。

（4）热：表示某种社会上的潮流（cháoliú，trend），如留学热、足球热。

练习：猜一猜画线词语的意思

（1）这家网站有很多国外的买家。

（2）这家书店举办（jǔbàn，to hold）了作者与读者见面会。

（3）在网上买东西，特别是新手，可能会遇到一些问题。

（4）网购热已经从城市到了乡村（xiāngcūn，village）。

第三部分：阅读实践

（一）精读

1 生词学习

1	消费	xiāofèi	V	to consume	消费水平；消费者（consumer） 大城市的消费水平比较高。
2	方式	fāngshì	N	way, manner	一种方式；生活方式；消费方式 老人和年轻人的生活方式不太一样。
3	打折	dǎ//zhé	VO	to sell at a discount	打八折（20% off） 本店所有商品打八折。 这件衣服100元，现在打八折，是80元。
4	促销	cùxiāo	V	to promote sales	打折促销；促销员 这家商场正在打折促销。
5	优惠	yōuhuì	Adj	preferential; discount	八折优惠；优惠价格 会员（huìyuán，membership）有八折优惠。
6	调查	diàochá	N	investigation	一项（xiàng，item）调查 关于网购，有人做了一项调查。

			V	to investigate, to survey	做调查 事情现在还没调查清楚。
7	需要	xūyào	V	to need, to demand	需要时间；需要帮助 你们需（要）不需要帮助？
			N	need	因为工作的需要，他经常去国外。
8	实用	shíyòng	Adj	practical	这本语法书很实用。
9	折扣	zhékòu	N	discount	有折扣；折扣价 这是新品，没有折扣。
10	吸引	xīyǐn	V	to attract	吸引人；对……有吸引力；吸引住 这部电影很吸引人。 这种新手机对年轻人很有吸引力。 那些玩具把孩子吸引住了。
11	产品	chǎnpǐn	N	product	生产产品；进口产品； 产品质量（zhìliàng，quality） 这家超市卖进口产品。
12	省	shěng	V	to economize, to save	省钱；省时间；省心 在网店买东西有时能省不少钱。
13	满意	mǎnyì	V	to satisfy	对……满意 有时我们对网购的商品不太满意。 他对这个工作非常满意。

专有名词

	光棍儿节	Guānggùnr Jié	PN	Singles' Day

2 热身练习

（1）为下面的词语找出相应的图片

① 网购________ ② 打折________ ③ 购物清单________

④ 服装________ ⑤ 快递________ ⑥ 日用百货________

⑦ 购物车________ ⑧ 家电、数码产品________

A

B

C

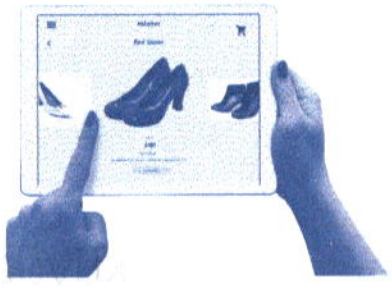

D

E

F

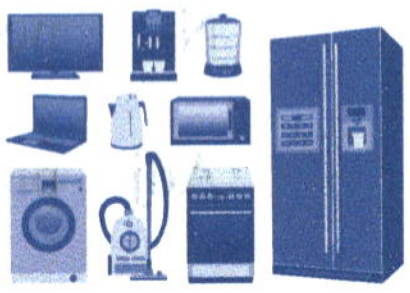

G

H

（2）找出每组中跟其他几个不同类的词语

①服装　　西服　　裤子　　衬衫　　裙子

②商场　　市场　　商城　　写字楼　购物中心

③手机　　电脑　　U 盘　　家具　　相机

（3）选择合适的词语填空

A 促销　　B 吸引力　　C 实用　　D 方式　　E 消费

①人们的购物________更加多样了。

②大城市的________水平更高，购买力更强。

③这几个手机 APP 在日常生活中非常________。

④对你来说，最有________的职业是什么？

⑤这家商场正在________，所有商品打八折。

3 课文：“双十一”，买还是不买？

► 第一步：读前思考，读后回答

思考题：

（1）“双十一”是什么？

（2）人们“双十一”网购的原因是什么？

（3）人们最爱网购哪些商品？

1　近年来，网购已经成为人们的日常消费方式之一。谈到网购，人们首先会想到“双十一”。“双十一”是什么？这得从“光棍儿节”说起。11 月 11 日，因

为有4个“1”，让人们想到了单身的人——“光棍儿”，后来就有了“光棍儿节”的说法。2009年，一个网上商城计划举办一个网上购物节，他们选择在11月进行，因为那时刚好是人们购买冬装的时候。11月11日被网友戏称为“光棍儿节”，购物节就选在了这一天，“双十一”购物节就是这么来的。后来，每年的11月11日0点起，各大电商网站都会打折促销，价格一般都比平时优惠很多。

2 在物美价廉面前，买还是不买？一家网站做了一个“双十一”网购的调查。有75%的网友说会在“双十一”网购，其中大部分人认为“能买到便宜而且现在需要的东西”；不准备参加的人中，有人觉得“没有特别想买的东西”，有人“工作忙，没有时间”，还有人“感觉买的东西不实用”。

3 人们一般认为女性更喜欢网上消费，但调查结果告诉我们，现在男性网购的热情不比女性低，网购的低折扣对他们也有很大的吸引力。

4 从调查中可以知道，人们对网购服装、日用百货、家电及数码产品最感兴趣。

5 网购有利有弊。网购方便、省钱，“双十一”给很多人带来了跟平时不一样的购物乐趣。但是，有时人们对买到的商品不太满意，还有人买了很多不需要的东西，本来是为了省钱去网购，却多花了钱。

（课文字数：536字）

▶ 第二步：从课文中找出以下问题的答案

（1）文章第1段主要介绍了“双十一”的：

A 传统　　B 由来　　C 促销活动　　D 商家

（2）人们喜欢在“双十一”网购的主要原因是什么？（第2段）

A 网购比去实体店购物更方便

B 能买到便宜而且需要的东西

C 平时很忙，没有时间买东西

D 网购能给人们带来很多乐趣

（3）人们不想参加“双十一”网购的原因中，下列哪一项文中没有提到？（第2段）

A 没有想买的东西

B 太忙，没有时间

C 觉得网上的商品质量不好

D 网购的东西可能不太实用

（4）根据课文内容，人们最爱网购哪些商品？（第 4 段）

► 第三步：根据课文内容判断对错（在括号中填“对”“错”或“没提到”）

（1）人们对“双十一”的热情比较高。（　　　　）

（2）“双十一”这天，各大电商网站的东西比平时便宜得多。（　　　　）

（3）“双十一”网购的东西都很实用。（　　　　）

（4）男性主要网购家电及数码产品。（　　　　）

（5）人们网购的主要有服装和日用品。（　　　　）

（6）有的人对网购的东西不太满意。（　　　　）

► 第四步：句义理解

（1）各大电商网站都会打折促销，价格一般都比平时优惠很多。（第 1 段）

A 平时网店一般没有打折促销活动

B 打折促销时，网店卖的东西都很好

C 打折促销时，商品的价格一般比平时低得多

（2）现在男性网购的热情不比女性低。（第 3 段）

A 男性比女性更喜欢网购

B 男性和女性一样喜欢网购

C 男性没有女性那么喜欢网购

（3）第 3 段“网购的低折扣对他们也有很大的吸引力”中的“他们”指的是：

A 女性　　　B 男性　　　C 消费者

► 第五步：词义理解（为画线词语选择合适的意思）

（1）11 月 11 日被网友戏称（xìchēng）为“光棍儿节”。（第 1 段）

A 开玩笑地叫作　　　B 高兴地介绍　　　C 感兴趣地说

（2）在物美价廉（wù měi jià lián）面前，买还是不买？（第 2 段）

A 价格便宜　　　B 商品很漂亮　　　C 又好又便宜

（3）网购有利（lì）有弊（bì）。（第 5 段）

A 好处比坏处多　　　B 好处和坏处都有　　　C 坏处比好处多

► 第六步：朗读课文

► 第七步：说一说

分享一下儿你的网购经历。

（二）泛读

关于“双十一”的网友评价

1 网友1：不是真正的降价，不少东西是涨价了，骗骗新手的。

2 网友2：平时也促销，有折扣，“双十一”没有优惠很多，不用急着那一天买。

3 网友3：省钱最重要，大家都想买到价廉物美的东西。

4 网友4：既然是自己需要的东西，价格又便宜，为什么不买？

5 网友5：很多人会买，便宜嘛。不过等不了多久，再看看买回来的东西，大多是用不上的。

6 网友6：我开网店五年了，“双十一”大部分网店会降价，可能极少数网店涨了价，我觉得那些人不是真正做生意的。

7 网友7：我的经验是“双十一”前先在网店看看想买的东西，如果“双十一”降价了就买。

8 网友8：对我们中小店主来说，“双十一”期间，钱真赚不了多少，主要是赚人气。

（课文字数：271字）

生词：

1. 降 jiàng V
   to lower, to reduce
2. 涨 zhǎng V
   (of water, prices, wage) to rise
3. 骗 piàn V
   to cheat, to deceive
4. 经验 jīngyàn N
   experience
5. 赚 zhuàn V
   to make a profit, to earn (money)

1 根据网友的评价内容填写表格

问题	网友	关键词
（1）给“双十一”好评的是哪几位网友？		
（2）给“双十一”差评的是哪几位网友？		
（3）哪些网友对“双十一”购物给出了建议？分别是什么建议？		
（4）网友中哪几位是卖家？他们对“双十一”是什么态度？		

2 从课文中找出与下列说法意思相近的词语

（1）东西比以前贵了（网友 1）——

（2）没有经验的买家（网友 1）——

（3）用打折、送礼物的方式卖东西（网友 2）——

（4）东西好，而且价格便宜（网友 3）——

（5）东西比以前便宜了（网友 6）——

（6）增加受关注（guānzhù，attention）、受欢迎的程度（chéngdù，degree, level）（网友 8）——

3 说一说

网购有哪些利弊？你对网购的态度是怎样的？

（三）实况阅读

1 促销广告

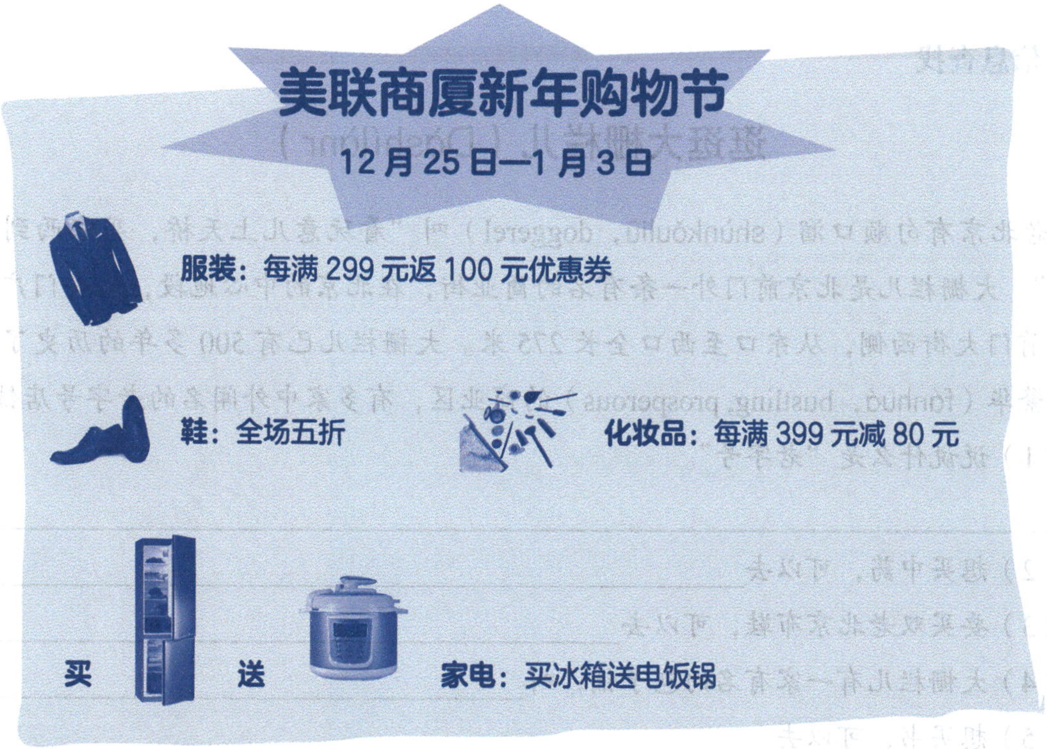

（1）生词

①服装	fúzhuāng	N	costume, dress
②满	mǎn	V	(*formal / business*) to reach, to come (up) to
③返	fǎn	V	(*formal / business*) to return, to pay back
④优惠券	yōuhuìquàn	N	coupon
⑤化妆品	huàzhuāngpǐn	N	cosmetics, make-up
⑥电饭锅	diànfànguō	N	electric rice cooker

（2）根据上面的促销广告，回答下面的问题

①你买了一件600元的衣服，付钱后，你会得到什么？

____

②你要买一双原价890元的鞋，你需要付多少钱？

____

③你要买一套原价1380元的化妆品，你需要付多少钱？

____

④ 你买了一台冰箱，商家会送你什么东西？

____

2 信息查找

逛逛大栅栏儿（Dàshílànr）

老北京有句顺口溜（shùnkǒuliū，doggerel）叫“看玩意儿上天桥，买东西到大栅栏儿”。大栅栏儿是北京前门外一条有名的商业街，在北京的中心地段，天安门广场南边，前门大街西侧，从东口至西口全长 275 米。大栅栏儿已有 500 多年的历史了，一直是繁华（fánhuá，bustling, prosperous）的商业区，有多家中外闻名的老字号店铺。

（1）说说什么是“老字号”。

____

（2）想买中药，可以去______________________________

（3）要买双老北京布鞋，可以去______________________________

（4）大栅栏儿有一家有名的包子铺，叫______________________________

（5）想买书，可以去______________________________

（6）想买点儿茶叶，可以去哪几个店看看？

____

大栅栏儿店铺

Jīnghuá Jùbǎochéng 京华聚宝城（服装百货）	Bùyíngzhāi 步瀛斋（鞋店）
Běijīng Tiānfú Cházhuāng 北京 天福 茶庄	Xīnhuá Shūdiàn 新华 书店
Zhōngshì Chóngcǎoháng 钟氏 虫草行	Dàmíng Yǎnjìngdiàn 大明 眼镜店
Fùtàifāng Zhōng-lǎonián Fúzhuāngdiàn 富泰坊 中老年 服装店	Zhāng Yīyuán 张 一元（茶叶店）
Tiānxǐyuán Mínjiān Gōngyì 天禧源 民间 工艺	Nèiliánshēng 内联升（老北京布鞋店）
Dàshílànr Shípǐn Shāngchǎng 大栅栏儿 食品 商场	Jùxiānmíng 聚仙茗（茶叶店）

（续表）

Héngyè Bīnguǎn 恒业 宾馆		Shǒudū Zhàoxiàngguǎn 首都 照相馆
Quánjùdé Kǎoyā 全聚德 烤鸭		Yǒnghé Dòujiāng 永和 豆浆
Gǒubulǐ 狗不理（包子铺）		Xīn Shídài Gōngyì Lǐpǐn Chāoshì 新 时代 工艺 礼品 超市
Tóngréntáng 同仁堂（中药店）		Ruìfúxiáng 瑞蚨祥（服装店）
Shànghǎi Zhāng Xiǎoquán Dāo-jiǎn Zǒngdiàn 上海 张 小泉 刀剪 总店 Běijīng Fēndiàn 北京 分店		Dàguānlóu Yǐngyuàn 大观楼 影院
Guǎngdélóu 广德楼（戏园）		Sàichūnyuán Cházhuāng 赛春元 茶庄

第四部分：趣味汉语

（一）为什么是“买东西”，不是“买南北”？

中国古人认为，我们生活的世界由“五行”（wǔxíng，five elements: metal, wood, water, fire and earth）构成，即金、木、水、火、土这五种元素（yuánsù，element）。西方属金，东方属木，北方属水，南方属火，中央属土。古人认为生活用品差不多都是由金或木做成的，因此就用“东西”指各种物质（wùzhì，substance）、物体（wùtǐ，object）了。

还有一种说法，在唐朝（Tángcháo，Tang Dynasty），东市和西市是长安（Cháng'ān，the capital city of Tang Dynasty）城的经济（jīngjì，economy）中心，也是当时全国的商业中心，还是中外贸易（màoyì，trade）中心。那里有很多商店，货品丰富，人们需要什么都去东市或西市买，所以就有了“买东西”这个词语。

（二）购物的智慧

你知道下列熟语的意思吗？

- 一分钱，一分货
- 便宜没好货，好货不便宜
- 货比三家

（三）网购热词

试着在网上查查下列网购热词的意思

- 秒杀
- 包邮
- 爆款
- 宝贝
- 断货
- 拍下
- 团购
- 上新

第三课　生命在于运动

第一部分：知识银行

（一）常用字

1 体 tǐ 

繁体字为“體”，形声字（xíngshēngzì，pictophonetic character），“骨”为意符，“豊”为声符，简化为“体”，本义为身体。

现代汉语常用义：身体；物体；亲身（经验）；等等。一般做构词语素，不单独使用。

例：体重　体育（tǐyù，sport）　物体（wùtǐ，substance）　体验（tǐyàn，to experience）

练习：选择合适的词语填空

A 体会　　B 体力　　C 体温

（1）他发烧了，________39 度。

（2）长跑需要有很好的________。

（3）我能________你现在的心情，因为我也遇到过这样的事。

2 力 lì 

象形字，字形像用来翻土的工具，引申为力气。

现代汉语常用义：力量；能力；等等。一般做构词语素，不单独使用。

例：体力　风力　听力　视力

练习：选择合适的词语填空

A 力气　　B 脚力　　C 人力、物力、财力

（1）他________很好，一天能走 30 多里路。

（2）我累了，没有________爬到山顶了。

（3）我们公司小，________都不如大公司。

（二）常用书面词语

1 便：副词，意思是“就”。

（1）他很好学，不懂便问。

（2）他们俩大学一毕业便结婚了。

2 以：介词，意思是“用”。

（1）孩子不应该以这种态度跟父母说话。

（2）父母要好好想一想，以什么样的方法教孩子更好。

（三）常用句式

既……（，）又／也……

（1）这个孩子既聪明又可爱。

（2）他既会踢足球，也会打篮球。

练习：用“既……（，）又／也……”改写句子

（1）这些文具很美观，也很实用。

____

（2）父母对孩子要有爱心和耐心。

____

第二部分：技巧训练

技巧（三）：根据搭配的词语猜测词义

生词的意思有时可以通过与之搭配的词语猜测出来。例如：

（1）运动后马上喝红牛好不好？

从“喝”这个动词，我们可以推测“红牛”应该是一种饮品。

（2）这是他第一次踢欧冠。

从“踢”这个动词，我们可以推测“欧冠”应该是一种足球比赛。

练习：猜一猜画线词语的意思

（1）运动不仅可以强身健体，而且可以带来快乐。

A 只有　　B 不管　　C 不但

（2）他不想干这么累的活儿。

A 工作　　B 运动　　C 学习

（3）她每天下午都去健身房练一小时的有氧操（yǒuyǎngcāo）。

A 一种职业　　B 一种运动　　C 一种音乐

（4）他请大家尝一尝他亲手做的麻花。

A 一种食品　　B 一件工艺品　　C 一个服装品牌

第三部分：阅读实践

（一）精读

1 生词学习

1	习惯	xíguàn	N	habit	成为习惯；生活习惯；好习惯 对他来说，每天运动已经成了习惯。
			V	to be used to, to be accustomed to	他已经习惯了这儿的生活。
2	健身	jiànshēn	V	to keep fit	健身房；健身运动 他下了班就去附近的健身房健身。 你喜欢什么健身运动？
3	压力	yālì	N	pressure	生活压力；工作压力；压力大 大城市生活压力比较大。
4	锻炼	duànliàn	V	to take exercise, to have physical training	锻炼身体；锻炼能力 一天中什么时间锻炼身体最好？
5	身材	shēncái	N	stature, figure	身材苗条；中等身材 为了能有苗条的身材，她每天运动。
6	放松	fàngsōng	V	to relax	放松肌肉；放松心情；放松身心 你最近压力太大了，应该放松一下儿。
7	坚持	jiānchí	V	to persist in, to insist on	坚持运动；坚持自己的意见；坚持下来 他每天坚持运动。

8	适应	shìyìng	V	to adapt to, to adjust to	适应生活；适应环境 刚开始健身，身体还不太适应。 他已经适应这儿的生活了。
9	强度	qiángdù	N	intensity	运动强度；工作强度 刚开始运动，强度不要太大。

2 热身练习

（1）为下面的词语找出相应的图片

①健身房________ ②体育馆________ ③体育场________

④压力________ ⑤锻炼________ ⑥运动装备（zhuāngbèi，equipment）________

A

B

C

D

E

F

（2）找出每组中跟其他几个不同类的词语

① 运动　放松　健身　锻炼　体育

② 跳远　跑步　跨栏　篮球　跳高

③ 球场　健身房　体育馆　公园　电影院

（3）选择合适的词语填空

A 身材　B 适应　C 放松　D 健身　E 压力

① 他最近工作________比较大。

② 他不胖不瘦，中等________。

③ 好听的音乐可以让人身心________。

④ 弟弟刚上大一，还不太________大学生活。

⑤ 每天________已经成为他的习惯了。

3 课文：让运动成为习惯

▶ 第一步：读前思考，读后回答

思考题：
怎样让运动成为习惯？你有什么建议？

1　让运动成为习惯？很多人觉得上班都那么忙、那么累了，哪里有时间和力气去运动健身？但有健身经验的人便会明白，压力越大越应该锻炼，因为它不但可以让你拥有好身材，而且可以放松身心，带给人健康和快乐。

2　如果健身能跟每天吃饭一样让人习以为常，你还会担心没时间运动吗？其实，万事开头难，只要改变一下儿你的生活方式，把开头的那一段日子坚持下来，就能让你对运动着迷。每天的健身就会跟吃饭、睡觉一样，成为你生活中不可缺少的一部分，哪天不运动你就会觉得不舒服。那么，让运动成为习惯有哪些秘诀呢？

3　第一，定好运动的时间，每天都是这个时间，不要改变。

4　第二，开始时运动量不要太大，只锻炼 10～15 分钟就可以了，而且不要做强度太大的运动，要让你的身体慢慢地适应。然后可以慢慢地加大运动量和运动强度，不过最少在两周以后再这样做。

5　第三，多尝试几种运动项目，不同的运动既能锻炼身体的不同部位，也可以增加运动的乐趣。

6　第四，和朋友一起去健身，这样如果想要偷懒，会有人看着你。

7　第五，给自己买些可心的运动装备，穿戴上它们会让自己的身心做好准备。

8　第六，让运动变成一种快乐，如果运动让你感到快乐，你当然愿意去做。

9　当然，最重要的一点——贵在坚持。

（课文字数：488 字）

本文改编自《让运动成为习惯——30 天自我挑战》，作者非攻体育

► 第二步：从课文中找出以下问题的答案

（1）课文中提到了哪些让运动成为习惯的方法？

____

（2）第 1 段"压力越大越应该锻炼，因为它不但可以让你拥有好身材……"，这个句子中的"它"说的是：

A 压力　　B 锻炼

（3）根据课文，让运动成为习惯最重要的是什么？

A 找到喜欢的运动　　B 定好运动的时间

C 多尝试几种运动　　D 要每天坚持运动

► 第三步：根据课文内容判断对错（在括号中填"对""错"或"没提到"）

（1）运动可以减轻身心压力。（　　）

（2）开始运动时，运动量不可以太小。（　　）

（3）最好只坚持做同一种运动。（　　）

（4）运动装备最好买贵的。（　　）

（5）应该在运动中感到快乐。（　　）

► 第四步：词义理解

（1）为画线词语选择合适的意思

①如果健身能跟每天吃饭一样让人<u>习以为常</u>（xíyǐwéicháng）……。（第 2 段）

A 经常练习所以习惯了

B 不习惯所以应当练习

C 习惯了所以觉得平常

②只要改变一下儿你的生活方式……就能让你对运动<u>着迷</u>（zháo//mí）。（第 2 段）

A 非常喜欢　　B 成为习惯　　C 了解更多

③让运动成为习惯有哪些<u>秘诀</u>（mìjué）呢？（第 2 段）

A 好处　　B 方面　　C 好方法

（2）词语搭配

A 坚持　B 加大　C 锻炼　D 尝试　E 购买　F 减轻

①（　　）新项目　②（　　）压力　③（　　）健身

④（　　）身体　⑤（　　）运动量　⑥（　　）运动装备

▶ 第五步：朗读课文

▶ 第六步：说一说

你平时健身吗？你有什么健身秘诀吗？

（二）泛读

乒乓球的由来

1 乒乓球英文叫作 table tennis，它是怎么来的呢？据说，在19世纪末的一天，伦敦天气非常热，而且有雨。有两个年轻人不能去外边打网球，就想了一个办法，以饭馆的大餐桌作球台，中间用绳子作网，酒瓶的软木塞作球，用烟盒打球。女店主见到了，大声说"Table Tennis! Table Tennis!"。就这样，乒乓球运动诞生了。

2 乒乓球出现后不久，便成了一种很受欢迎的运动，在欧洲各国流行。1926年，第一届世乒赛在乒乓球的起源地——伦敦举办，但英国人的比赛成绩不太好，他们没有真正重视这项运动，只是把乒乓球当作娱乐活动。

3 乒乓球运动在20世纪初来到东亚。东亚国家人多地少，乒乓球只需要很小的场地，用具也很简单，室内室外都可以打。另外，东亚人更喜欢没有身体接触的运动，讲究以技巧取胜。因此乒乓球在东亚很受欢迎，快速发展了起来。多年来，世界上各种乒乓球比赛的冠军大多是中、日、韩等东亚国家的选手。

生词：

1. 伦敦 Lúndūn PN London
2. 绳子 shéngzi N rope
3. 软木塞 ruǎnmùsāi cork stopper
4. 欧洲 Ōuzhōu PN Europe
5. 流行 liúxíng V to prevail
6. 世乒赛 Shìpīngsài PN World Table Tennis Championships
7. 举办 jǔbàn V to hold or conduct (an activity or event)
8. 娱乐 yúlè V / N to entertain; entertainment

4 为什么叫“乒乓球”呢？20世纪初，一位美国乒乓球用具生产商以打乒乓球时发出的“ping-pong”声作为商标名。从此，ping-pong成了乒乓球的另一个英文名。传到中国后，中文里就有了“乒乓球”这个新词。中国人喜爱打乒乓球，是目前世界上乒乓球运动水平最高的国家之一，乒乓球也被中国人叫作“国球”。

（课文字数：483字）

本文改编自乒乓网文章《为何乒乓球在起源国英国逐渐衰落，而在中国兴起》，作者太阳目标

9. 东亚 Dōng Yà PN
East Asia
10. 接触 jiēchù V
to touch
11. 技巧 jìqiǎo N
skill, technique
12. 胜 shèng V
to win, to defeat
13. 冠军 guànjūn N
champion

1 内容理解

（1）说说乒乓球运动是怎么来的。

____

（2）乒乓球运动最早起源于英国，为什么却在东亚地区快速发展起来？

____

2 词义理解

（1）词语搭配

A技巧 B东亚 C冠军 D世乒赛 E发展

①举办（ ） ②传入（ ） ③快速（ ）

④成为（ ） ⑤讲究（ ）

（2）从课文中找出与下列说法意思相近的词语

① 19世纪快要结束的阶段（第1段）——

② 某事物最早产生的地方（第2段）——

③ 20世纪刚开始的阶段（第3段）——

④ 参加比赛的运动员（第3段）——

⑤ 从这以后（第 4 段）——

⑥ 现在（第 4 段）——

3 说一说

你们国家最受欢迎的运动是什么？它的流行情况怎么样？

（三）实况阅读

1 足球比赛海报

FCB 中国行

今年夏天，德国 FCB 足球队将要来到中国。

中超广州队将在天河体育场迎战德甲 FCB 足球队，这也将是双方的第二次对战！2013 年世俱杯，两支球队曾在半决赛相遇。FCB 以 3：0 击败了当时的广州队，进入决赛并最终夺冠！

再次相遇的两队是 FCB 继续获胜，还是广州队以弱胜强？我们广州见！

中票在线：www.chinaticket.com

订票热线：400-880-2880

（1）生词

① 迎战	yíngzhàn	V	to meet head-on for a match
② 击败	jībài	V	to beat, to defeat
③ 以弱胜强	yǐ ruò shèng qiáng		to conquer strength with weakness

（2）阅读理解（在海报中画出与下列句子意思一致的句子）

① 德国 FCB 足球队快要来中国了。

② 中超广州队要在天河体育场跟德甲 FCB 足球队比赛。

③ 2013 年世俱杯，两支球队在半决赛中遇到过。

④ 最后，FCB 队赢了当时的广州队三个球。

2 信息查找

（1）想学习街舞，可以哪天去学习？

______

（2）想中午练习瑜伽，可以哪天去学习？

______

（3）对中国舞有兴趣，可以哪天去学习？

______

（4）想学习拉丁舞，不过你只有晚上有时间，可以哪天去学习？

______

健身中心课程表

时间	周一	周二	周三	周四	周五	周六	周日
12:00—13:00	瑜伽	瑜伽	瑜伽	普拉提	拉丁舞	普拉提	街舞
18:00—19:00	瑜伽	拉丁舞	有氧操	瑜伽	瑜伽	瑜伽	有氧操
19:15—20:15	街舞	芭蕾舞	街舞	芭蕾舞	肚皮舞	中国舞	普拉提
20:30—21:30	肚皮舞	瑜伽	瑜伽	中国舞	瑜伽	瑜伽	瑜伽

生词

① 瑜伽	yújiā	N	yoga
② 街舞	jiēwǔ	N	street dance
③ 肚皮舞	dùpíwǔ	N	belly dance
④ 拉丁舞	lādīngwǔ	N	Latin dance
⑤ 芭蕾舞	bālěiwǔ	N	ballet
⑥ 有氧操	yǒuyǎngcāo	N	aerobics
⑦ 普拉提	pǔlātí	N	Pilates

第四部分：趣味汉语

（一）体育小知识

1. 奥运会金牌是什么做的？

2. 球速（sù，speed）最快的球类运动是哪一种？

3. 奥运会标志为什么是五色环？

（二）健康的智慧

- 生命在于运动。
- 冬天动一动，少生一场病；冬天懒（lǎn，lazy）一懒，多喝药一碗。
- 练出一身汗，小病不用看。

第四课 绿色生活

第一部分：知识银行

（一）常用字

1 生 shēng 

指事字（zhǐshìzì，self-explanatory character），字形上部分像初生的小草，下部分是土地。本义是草木从土地里生长出来。

现代汉语常用义：出生；生长；生命；产生；发生；等等。可单独成词，也可做构词语素。

例：出生　生长　生活　发生（fāshēng，to happen）

练习：选择合适的词语填空

A 天生　　B 生病　　C 一生

（1）小李________了，现在在医院呢。

（2）这本书介绍了他的________。

（3）这孩子________聪明，三岁就认识很多字了。

2 出 chū 

会意字，字形由“”和“”组成，像一只脚离开一个地方，本义是出来。

现代汉语常用义：从里面到外面；往外拿；发生；发出；等等。可单独成词，也可做构词语素。

例：出门　出主意　出问题　出汗（chū//hàn，to sweat）

练习：选择合适的词语填空

A 出车　　B 出行　　C 出发

（1）十一点的飞机，我们几点________？

（2）今天司机生病了，不能________。

（3）地铁方便了附近的人们________。

（二）常用书面词语

1 已：副词，意思是“已经”。

（1）比赛已结束（jiéshù，to end, to finish）。

（2）这项工作已完成。

2 单：副词，意思是“只”。

（1）这部动画片不单孩子喜欢，大人也爱看。

（2）我每个月的花费很多，单交通费就要几百元。

（三）常用句式

随着……，……

（1）随着春天的到来，天气暖和起来了。

（2）随着年龄的增长，人的身体会发生很多变化。

练习：用“随着……，……”改写句子

（1）经济发展了，这里的生活水平也有了很大提高。

____

（2）生活节奏（jiézòu，rhythm）加快了，人们越来越重视身心健康。

____

第二部分：技巧训练

技巧（四）：缩略语（suōlüèyǔ，abbreviation）

缩略语是经过简缩法简略、压缩的词语，通常是把音节较多的短语简缩成音节较少的词语。例如：

（1）网上购物——网购；

（2）汽车展览会（zhǎnlǎnhuì，exhibition）——车展。

简缩的方法一般有两种：第一种是抽取原短语中的重要语素，有规律地简缩而成，如“科学技术”简缩为“科技”、“地下铁道”简缩为“地铁”等；第二种是用数字来帮助简缩，格式为“数字＋共同语素”，如“包修、包换、包退”简缩为“三包”。

练习：把下列句子中的画线部分简缩为缩略语

（1）他想去北京大学学习中国历史。——

（2）我给你发了一封电子邮件。——

（3）她想成为一名空中小姐，那样就可以乘坐飞机到世界各地了。——

（4）参加奥林匹克运动会（Àolínpǐkè Yùndònghuì，Olympic Games）是每一个运动员的梦想。——

（5）周末有大学生男子足球比赛。——

（6）这篇文章介绍的是农业、农村、农民问题。——

第三部分：阅读实践

（一）精讲

1 生词学习

1	交通	jiāotōng	N	traffic	交通便利； 交通安全（ānquán，safety）； 交通部门（bùmén，department） 这个城市交通很便利。
2	拥堵	yōngdǔ	V	to be stuck in (a traffic jam)	交通拥堵；道路拥堵 上下班时间，很多车辆拥堵在这个路口。
3	解决	jiějué	V	to solve, to settle	解决问题 孩子要学会自己解决问题。
4	发展	fāzhǎn	V	to develop	发展公共交通； 发展经济（jīngjì，economy）； 发展速度（sùdù，speed） 这个城市重视发展公共交通。 近几年，这里经济发展速度很快。
5	租	zū	V	to rent, to hire	租房；租车 这里的租车服务很方便。
			NM	rent	房租；租金 这附近的房租很贵。

6	控制	kòngzhì	V	to control, to dominate	控制比赛；控制数量 我们队打得很好，控制了比赛。
7	鼓励	gǔlì	V	to encourage	鼓励学生；互相鼓励；得到鼓励 这位老师经常鼓励他的学生。 工作中他常常得到大家的鼓励。
8	污染	wūrǎn	V	to pollute	污染空气；污染环境；受到污染 人们越来越重视环境污染问题。
9	噪声	zàoshēng	N	noise	噪声污染 这附近车辆很多，噪声污染严重。
10	资源	zīyuán	N	resource(s)	自然（zìrán，nature）资源； 人力资源；资源丰富 这个地方自然资源丰富。
11	提高	tí//gāo	VC	to improve, to increase, to enhance	提高水平；提高能力 这里的汽油税（qìyóushuì，gasoline tax）提高了。
12	意识	yìshi	N	consciousness, awareness	安全意识；环境保护意识 开车要有安全意识。
			V	to be conscious (or aware) of, to realize	他已经意识到自己做错了。

专有名词

1	世界无车日	Shìjiè Wúchē Rì	PN	World Car Free Day
2	朝阳区	Cháoyáng Qū	PN	Chaoyang District (of Beijing)
3	法国	Fǎguó	PN	France

2 热身练习

（1）为下面的词语找出相应的图片

①车流量________ ②交通规则________ ③交通管理部门________

④交通网________ ⑤交通警察________ ⑥交通工具________

⑦加油站________ ⑧汽油________ ⑨交通事故（shìgù，accident）________

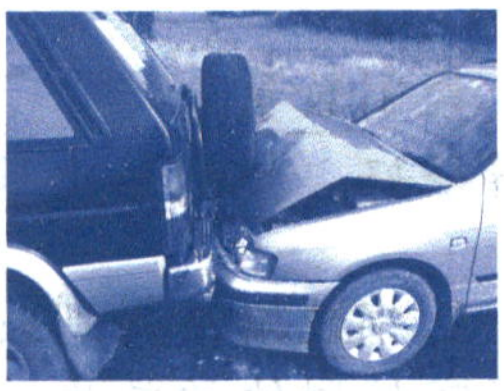

A

B

C

D

E

F

G

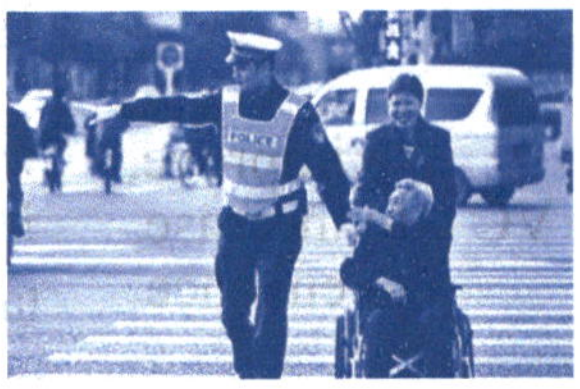

H

I

（2）选择合适的词语填空

A 交通　　B 资源　　C 发展　　D 堵　　E 鼓励

① 他的爸爸常常________他。

② 近几年，这个地方________特别快。

③ 上下班时间这条路常常________车。

④ 他家住在地铁站附近，________很方便。

⑤ 这座城市的道路________得到了很好的利用。

3 课文：世界无车日

► 第一步：读前思考，读后回答

思考题：

解决堵车问题有哪些办法？

1 有这样一个笑话：“早上上班时间，你在北京朝阳区；坐一小时的车，你在朝阳区；再坐一小时，你还是在朝阳区。”

2　交通拥堵是很多大城市的通病。为解决交通拥堵问题、便利人们出行，交通管理部门想了很多办法，比如：修建地铁、发展自行车租车服务、控制汽车数量等。每年 9 月 22 日“世界无车日”前后，北京市交管部门都会鼓励市民不开车，用步行、自行车、公共交通等绿色方式出行。

3　“无车日”最早诞生于 1998 年的法国。那时候欧洲的很多城市里，汽车带来的空气污染、噪声污染越来越严重。1998 年 9 月 22 日，法国一些年轻人最先提出“In Town,Without My Car!”，这个说法得到了人们的支持。后来世界上的很多城市都开展了“无车日”活动，“无车日”慢慢成了世界性的活动。“世界无车日”活动鼓励绿色出行，建议市民们更多地选择公交出行，一是为了更好地利用道路资源，减少交通拥堵，二是让人们了解汽车过多对城市环境的危害，提高人们的环保意识。

（课文字数：376 字）

▶ 第二步：根据课文内容回答下面的问题

（1）第 1 段的笑话说的是什么情况？

____

（2）根据第 2 段，为解决交通拥堵问题，交通管理部门想了哪些办法？

____

（3）根据第 3 段，“世界无车日”是怎样诞生的？

____

（4）根据课文，说说“绿色出行”是什么意思。

____

▶ 第三步：从课文中找出合适的词语描述下面的图片

（1）________

（2）________

(3)  ________ (4)  ________

▶ 第四步：词义理解

（1）为画线词语选择合适的意思

① 交通拥堵是很多大城市的通病。（第 2 段）

A 交通问题　　B 一般都有的缺点　　C 通常会遇到的困难

② 便利人们出行。（第 2 段）

A 方便　　B 利用　　C 便宜

③ 汽车带来的空气污染、噪声污染越来越严重。（第 3 段）

A 严厉　　B 重要　　C 厉害

④ 这个说法得到了人们的支持。（第 3 段）

A 赞同　　B 理解　　C 帮助

⑤ 让人们了解汽车过多对城市环境的危害。（第 3 段）

A 作用　　B 污染　　C 不好的影响

（2）写出下列短语的缩略语

① 交通管理部门（第 2 段）——

② 城市居民（第 3 段）——

③ 公共交通（第 3 段）——

④ 环境保护（第 3 段）——

（3）根据课文内容，选择合适的词语填空

A 危害　　B 出行　　C 意识　　D 资源　　E 鼓励　　F 拥堵

“世界无车日”活动＿①＿绿色出行，建议市民们更多地选择公交＿②＿，这样可以更好地利用道路＿③＿，减少交通＿④＿。同时也能让人们了解汽车过多对城市环境的＿⑤＿，提高人们的环保＿⑥＿。

▶ 第五步：朗读课文

（二）泛读

环保小贴士

1 随着城市的发展，环境污染问题也在加重。人们在抱怨城市空气越来越糟糕的同时，也应意识到环境的保护和每个人的生活方式息息相关。下面是生活中可以随手做到的几件环保小事。

2 一、随手关水龙头，不要一直开着水龙头洗手、洗澡、洗衣服。

3 二、随手关灯，这不只是为了节约电费，每节约一度电，空气中就会减少很多有害的气体。

4 三、一水多用，比如洗菜后的水可以浇花、洗衣服后的水可以擦地或冲厕所等。

5 四、买东西时不用塑料袋，出门购物带上自备的袋子。

6 五、不食用野生动物，不穿野生动物毛皮做的衣服。

7 六、选购不用农药的新鲜果蔬，买包装上有“绿色食品”标识的食品。

8 七、多用公共交通工具，这样既可以节约汽油，又可以减少汽车尾气带来的空气污染。

9 八、公共场所、室内工作场所、公共交通工具内不吸烟。

10 九、做好垃圾分类，不同种类的垃圾分开放。分装垃圾是把垃圾当作有用的资源，混装的垃圾会污染土地和空气。

生词：

1. 抱怨 bàoyuàn V
   to complain
2. 糟糕 zāogāo Adj
   terrible, too bad
3. 节约 jiéyuē V
   to economize, to save
4. 塑料袋 sùliàodài N
   plastic bag
5. 农药 nóngyào N
   pesticide
6. 绿色食品
   lǜsè shípǐn
   green food
7. 垃圾 lājī N
   rubbish, junk
8. 分类 fēn//lèi VO
   to classify

11 十、照顾附近的一棵树，定期给它浇水，把它当作家庭里的一员。

（课文字数：404 字）

1 根据课文内容回答下面的问题

（1）从衣、食、住、行这四个方面说说身边的环保小事，写出关键词。

衣：________________

食：________________

住：________________

行：________________

（2）关于身边的环保小事，文中没有提到的是：

A 用温水煮饭　　B 节约用水用电

C 生活垃圾分类　　D 不在公共场所吸烟

2 从课文中找出合适的词语描述下面的图片

（1）公共场所不吸烟

（2）__________

（3）__________

（4）__________

（5）__________

（6）__________

（7）__________

绿色食品
GreenFood

（8）__________

（9）__________

（10）__________

3 词义理解（为画线词语选择合适的意思）

（1）环境的保护和每个人的生活方式息息相关。（第 1 段）

A 关系密切

B 没有关系

C 相互影响

（2）混装的垃圾会污染土地和空气。（第 10 段）

A 垃圾里有很多包装

B 不同的垃圾分开放

C 什么垃圾都放在一起

4 说一说

我们可以为环保做什么？

（三）实况阅读

1 交通告示

一个城市的交通管理部门在市内贴出告示：

交通告示

驾车时速不超过 30 英里，您可以欣赏城市美丽的景色；

超过 60 英里，请您到法院做客；

超过 80 英里，欢迎光临本市最好的医院。

（1）生词

① 告示	gàoshi	N	bulletin, official notice
② 法院	fǎyuàn	N	court of justice

（2）回答问题

① 这个告示的发布者是：______________________

② 告示提醒大家开车时速：

A 不要超过 30 英里　　B 不要超过 60 英里　　C 不要超过 80 英里

（3）这个告示跟一般的交通告示有什么不一样？你看到的交通告示一般是怎么写的？

____

2 信息查找

下图是 2021 年北京市垃圾分类最新标准，判断以下废弃物品分别属于哪种垃圾或应该投放在哪种垃圾桶内。

（1）过期药品属于：______________________

（2）碎玻璃属于：______________________

（3）茶叶渣属于：______________________

（4）过期食品应该投放在________垃圾桶内。

（5）牛奶的外包装盒应该投放在________垃圾桶内。

第四部分：趣味汉语

（一）斑马线（bānmǎxiàn，zebra crossing）的由来

马路路口地面上的一条条白线（xiàn，line）叫作斑马线，它能引导（yǐndǎo，to guide）行人安全地过马路。斑马线源于古罗马（Luómǎ，Rome）时代的跳石。古罗马时期庞贝城（Pángbèi Chéng，Pompeii）的一些街道上，车马与行人多的路口经常发生交通拥堵，有时还会发生事故。为此，人们便把人行道和马车道分开，把人行道加高，还在路口放一块块高出路面一点儿的石头——跳石，行人可以踩（cǎi，to step on）着这些跳石穿过马路，这就是最早的“斑马线”。

（二）汽车品牌的中文名

用线将汽车品牌的中英文名连接起来

BMW　　Porsche　　Audi　　Rolls-Royce　　Ferrari　　Mercedes-Benz

Bēnchí	Bǎomǎ	Bǎoshíjié	Àodí	Fǎlālì	Láosīláisī
奔驰	宝马	保时捷	奥迪	法拉利	劳斯莱斯

（三）小笑话

省油的汽车

夏天，大卫一家人坐着新买的汽车出去玩儿。突然，汽车停下不动了，一家人只好下去推车，一直推了两个小时。大卫突然站住了，说：“我现在明白那个汽车商的话是什么意思了。”妻子一边擦汗一边问：“他说什么了？”大卫说：“他说这车非常省油！”

阶段测试（一）

一、选择合适的词语填空

A 重视　　B 鼓励　　C 营养　　D 适合　　E 规矩

1. 工作中大家互相帮助、互相________。
2. 这道菜味道鲜美、________丰富。
3. 人们都很________健康问题。
4. 你了解中国人吃饭时的________吗？
5. 辣味儿能带来热量和快乐，更________忙碌的年轻人。

A 实用　　B 资源　　C 污染　　D 折扣　　E 优惠

6. 垃圾分类使垃圾成为有用的________。
7. 绿色出行有助于减少空气________。
8. 这家店的日用品既________又便宜。
9. 买票的时候，如果你有学生证，可以________。
10. 这是新品，打八折已经是最大________了。

二、排列句子顺序

1. A 吃什么、怎么吃首先考虑的是要有营养
B 外国人比较重视营养
C 而中国人讲究菜要色、香、味、形、意都好　________

2. A 这是对年长的人的尊重
B 杯子要拿得比对方低一点儿
C 年轻人向年长的人敬酒时　________

3. A 于是“双十一”购物节就诞生了
B 只有被网友戏称为“光棍儿节”的 11 月 11 日
C 11 月没有节日　________

4. A 不要头脑发热
B 买回来不满意还得退货
C 一见价格便宜就买

5. A 因为它不但可以让你拥有好身材
B 压力越大越应该锻炼
C 而且可以让身心得到很好的放松

6. A 只要改变一下儿你的生活方式
B 哪天不运动你就会觉得不舒服
C 就能让你对运动着迷

7. A 每节约一度电
B 随手关灯不只是为了节约电费
C 空气中就会减少很多有害的气体

8. A 一到路口就停下
B 在这里，人人遵守交通规则
C 看清主路上没车时再通过或驶入

9. A 多用公共交通工具
B 既可以节约汽油
C 又可以减少汽车尾气带来的空气污染

10. A 一次就通过考试不容易
B 考到驾照却很难
C 拥有一辆车不难

三、阅读理解

1. 为了世界杯期间能晚上看球，有的公司员工可能还会改变工作习惯，本来晚上需要加班完成的工作，白天加倍努力就完成了。

* 根据这段话，世界杯：

A 会耽误工作

B 会影响员工心情

C 对工作有积极影响

2. 随着网购的流行，出现了很多“试客”。最先出现的就是“试衣族”，他们喜欢在网上买衣服，但担心网购的衣服不合适，就先到实体店只试不买，偷偷记住货号，然后再网购。

* “试客”一般：

A 喜欢试产品但从来不花钱买

B 喜欢网购产品，特别是衣服

C 先在实体店试，然后再网购

3. 有人说网购让人又爱又恨。爱它是因为网购非常方便，不用出门就能以较便宜的价格买到自己喜欢的东西；恨它是因为有时候网购不太安全，还会买到质量不太好的东西，有时候买到的东西跟自己想的完全不一样。

* 这段话的主要意思是：

A 网购不太安全

B 网购有利有弊

C 网购非常便宜

4. 有很多传统的老规矩现在都被人遗忘了。有些年轻人认为规矩多，太麻烦，其实很多老规矩都很值得现代人学习。餐桌上就是长辈和晚辈之间交流的好机会，长辈教给晚辈怎么动筷子、怎么交谈、怎么敬酒等。

* 对于传统的老规矩，作者的态度是：

A 应该尊重

B 老规矩很麻烦

C 可以被人遗忘了

5. 很多人喜欢吃冰激凌、巧克力、蛋糕等甜食，而且越吃越爱吃。这是因为人的大脑和身体都很容易爱上糖。甜食里有一种东西能让人产生快乐的感觉，但事实上糖能带来的好处并不多，长期吃太多糖还会带来一些疾病。

* 这段话告诉我们：

A 应该常吃甜食

B 吃甜食对身体很有好处

C 吃甜食能让人感觉很开心

6. 足球是一种大众运动，对参与者的要求不高。篮球通常是高个子的游戏，而足球运动中身高并不是问题，这就给了全世界所有孩子一个做巨星梦的机会。

* 这段话的主要意思是：

A 篮球运动员都很高

B 足球比篮球更大众化

C 运动员的身高很重要

7. 许多人经常抱怨运动健身的机会太少。其实，在我们的工作和生活中，有很多可以利用的健身机会。比如：你的家如果离单位不远的话，可以走着上下班；久坐是大家都容易犯的错误，可以坐一会儿就起身走走；尽量不坐电梯，多走楼梯；有空儿多去公园跑跑步，呼吸一下儿新鲜的空气。

* 这段话的目的是想告诉我们：

A 工作忙的人没有机会运动

B 可以利用的健身机会很多

C 走路和跑步是很好的运动方式

8. 瑞士是世界上最富裕的国家之一，但由于政府限制私人汽车，并以巨额补贴大力扶持公共交通，所以瑞士的私家车并不多。人们出行一般是坐有轨电车和火车，它们买票方式便捷、价格便宜。因此无论是政府高官，还是企业巨头，都乘坐公交车上下班。所以，尽管瑞士人口密度大，却交通有序，空气清新。

* 根据这段话，瑞士的交通情况怎么样？

A 不能开私家车影响了交通

B 人们多乘坐公共交通出行

C 只有政府官员和富人开车

* 瑞士公共交通的优点是：

A 买票方便快捷

B 人口密度很大

C 可以赚很多钱

9. “低碳生活”是一种绿色生活方式，生活中排放的二氧化碳（CO_2）会使地球不断变暖。人类消耗的能源减少，二氧化碳的排放量就会降低。因此，“低碳生活”就是更低消耗、更低排放的生活方式，应从节水、节电、节油、节气等小事做起，更多地跟大自然交流。

* 根据这段话，“低碳生活”的人们应该怎么做？

A 注意节约能源

B 排放二氧化碳

C 多吃绿色食品

* 关于“低碳生活”，不正确的一项是：

A 会使地球越来越暖和

B 是节约能源的生活方式

C 可以降低二氧化碳的排放量

10. 在交通拥堵的大都市，人们恨不得自己的汽车能够飞起来，现在这个梦想可能就要变成现实了。汽车设计师们正在研究新型的个人交通工具，它不再像现在的汽车一样笨重，而是可以根据需要自由改变形状；它也会非常环保，不再向外部环境排放有害气体；而且它有跟人类一样的“大脑”，具有自我控制能力，还可以跟附近其他的交通工具进行“交流”，车辆之间将不再会发生交通事故。

* 未来的个人交通工具：

A 可以互相“交流”

B 必须由人来控制

C 跟现代汽车样子相同

* 根据这段话，未来的汽车对环境有什么影响？

A 改变外部的环境

B 排放有害的气体

C 有利于环境保护

第五课　在路上

第一部分：知识银行

（一）常用字

1 路 lù 

形声字，“⻊”为意符，“各”为声符。“路”的本义指道路，引申用于抽象意义，泛指思想、行为方面的方向或途径，又引申指种类、方面。

现代汉语常用义：道路；途径；种类；等等。可单独使用，也可做构词语素。

例：马路　路人　门路　一路人

练习：选择合适的词语填空

A 路口　B 对路　C 思路　D 路

（1）还有两三公里________，我们快到了。

（2）这个作文题目有点儿难，我一点儿________也没有。

（3）那个银行离这儿不远，过两个________就到了。

（4）这个方法不太________，我们得再好好想一想。

2 意 yì 

会意字，由“音”和“心”组成，意思是心里的想法通过外在的语音表达出来。本义为心里的想法、意愿。

现代汉语常用义：意思；心愿；意料；等等。一般做构词语素，不单独使用。

例：意思　主意　满意　意外（yìwài，accident）

练习：选择合适的词语填空

A 同意　B 一心一意　C 好意

（1）做事要________，不能三心二意。

（2）你说得很对，我________。

（3）他这样做是________，是想帮助你。

（二）常用书面词语

1 如何：代词，意思是“怎么、怎么样”。

（1）这个问题如何解决？

（2）假期我们去南方旅行，如何？

2 该：代词，意思是“这个”或“那个”，指前面说过的人或事。

（1）她成为该市首位女市长。

（2）我们参观了这个城市最有名的大学，该校已有115年的历史了。

（三）常用句式

……的同时，也／还……

（1）在帮助别人的同时，自己也得到了快乐。

（2）我们学习一国语言的同时，还可以了解该国的文化。

练习：组句

（1）同时　尊重　的　别人　尊重　也　是　自己

____

（2）自学法律知识　她　同时　找工作　还　在　的

____

第二部分：技巧训练

技巧（五）：利用上下文中互释的词语理解词义

阅读过程中遇到不认识的词语时，有时可以通过上下文理解词义。例如：

（1）驴友：

他有很多驴友，都是爱旅游、喜欢一起自助游的朋友。

（2）穷游：

很多年轻人喜欢尝试穷游，出去旅游时花最少的钱得到旅游的乐趣，是一种特别的旅行方式，和有钱、没钱无关。

练习：猜一猜画线词语的意思

（1）小王是个马大哈，总是忘这忘那，今天又忘了带手机。

A 很认真的人

B 做事马虎的人

C 爱笑的人

（2）小王是个网购达人（dárén），经验丰富，你可以让他推荐几个购物网站。

A 在某方面很有经验的人

B 常给别人介绍产品的人

C 非常喜欢表达自己的人

（3）他爱上了徒步（túbù）旅行，背上背包，只靠自己的双脚，一路走走停停，乐在其中。

A 走路　　B 快走　　C 跑步

（4）很多人外出旅游前习惯先查查旅游攻略（gōnglüè），了解一下儿当地吃、住、行、购物、娱乐等各方面的情况。

A 旅游部门的介绍

B 旅游信息和建议

C 旅游方面的图书

第三部分：阅读实践

（一）精读

1 生词学习

1	时代	shídài	N	① times, era, age, epoch	信息时代；数字时代 信息时代给人们的生活带来了什么？
				② a period in one's life	儿童时代；青年时代 他在上海度过了自己的青年时代。
2	分享	fēnxiǎng	V	to share	分享快乐；分享美食 她喜欢和朋友一起分享美食。
3	旅行社	lǚxíngshè	N	travel agency	这是一家国际旅行社。

4	提供	tígōng	V	to provide, to offer	提供食品；提供帮助；为……提供…… 宾馆为客人提供订车服务。
5	欣赏	xīnshǎng	V	① to enjoy	欣赏美景；欣赏京剧 旅行时可以欣赏美景，还能品尝美食。
				② to appreciate	他聪明能干，经理十分欣赏他。
6	团	tuán	N	group, society, organization	旅行团；乐团 跟团旅行比较省心。
7	设计	shèjì	V	to design	设计广告；设计服装 他在为那家公司设计广告。
8	路线	lùxiàn	N	route	旅游路线；一条路线 这条旅游路线非常受欢迎。
9	晒	shài	V	① to show (pictures, videos) online	很多人喜欢在网上晒旅行照片。
				② (of the sun) to shine upon, to dry in the sun	晒太阳；晒黑 她常去海边游泳，晒黑了。
10	行程	xíngchéng	N	distance of travel	旅游行程； 行程单（travel itinerary） 这是旅行社安排的行程。
11	记录	jìlù	V	to take notes, to record	记录行程；记录下来 他们把每天的行程都记录下来了。
			N	notes	这是她开会时做的记录。

专有名词

1	《权力的游戏》	«Quánlì De Yóuxì»	PN	*Game of Thrones*
2	南非	Nánfēi	PN	South Africa

2 热身练习

（1）为下面的词语找出相应的图片

①旅行社________ ②旅行团________ ③旅游路线________ ④行程单________

⑤导游________ ⑥民宿________ ⑦游记________

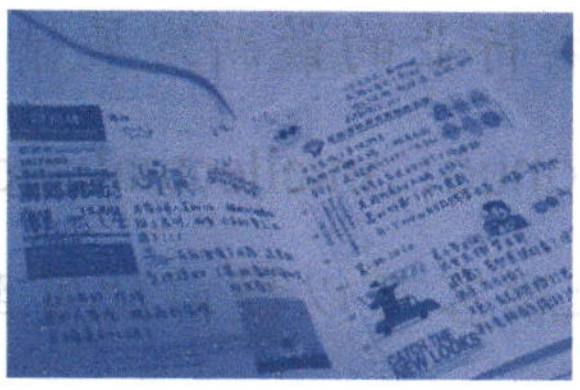
A

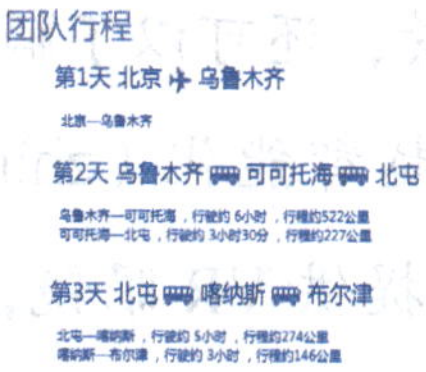

B

C

D

E

F

G

（2）从句子中找出画线词语的搭配词语

① 有人喜欢随时通过（tōngguò，via, through, by means of）微博（wēibó，Weibo, Microblog）或微信（wēixìn，WeChat）晒出自己在旅行中拍的照片，记录下旅行中那些新鲜有趣的事，与亲朋好友分享自己的快乐和感受。

通过________；晒________；记录________；分享________

② 自驾游很受年轻人欢迎，人们可以设计适合自己的旅行路线，可以随时停下来自由自在地欣赏美景。

设计________；适合________；欣赏________

3 课文：数字时代，我们如何旅行？

► 第一步：读前思考，读后回答

> 思考题：
> （1）数字时代，人们有哪些旅行方式？
> （2）新旅行时代和以前相比有哪些变化？

1 数字时代，我们如何旅行？在本次国际旅游展〔Guójì Lǚyóuzhǎn，ITB（International Tourism Exhibition）〕上，让人们感受最深的是“分享”——Airbnb（出租民宿）、Couch surfing（沙发旅行）、Home exchange（交换游、换家旅行）等等。

2　在ITB上，人们可以了解美食、美景，还可以了解旅游行业的最新发展情况：机器人成为服务人员；宾馆房间越来越智能化（zhìnénghuà，intellectualized）；很多旅行社在向客人介绍旅游产品时会提供VR眼镜，让顾客可以提前欣赏到旅行目的地的一草一木。

3　人们有更多的选择：预订时可以去旅行社，也可以在网上预订；想省心的可以选择跟团旅行，爱自由的可以当背包客，背上旅行包说走就走；住的地方可以选择酒店、民宿，甚至可以免费睡沙发；等等。

4　很多人对新的旅游产品非常感兴趣。主题游（zhǔtíyóu，theme travel）和生态游（shēngtàiyóu，ecological travel）近年来比较热门。主题游是旅行社设计的有特别主题的旅游路线计划，比如德国的"童话（tónghuà，fairy tale）之路"主题游、美剧《权力的游戏》取景地的影视主题游；而生态游让人们在欣赏美景的同时，也更加注意保护自然环境，比如使用环保交通工具、不留下垃圾等。

5　在网上晒照片、写游记已成为很多人旅行中不可缺少的一部分。中国 *Lens* 杂志曾介绍过一对辞了广告工作去周游世界的情侣，他们在一个名为"How Far From Home"的博客（bókè，blog）上写下了他们的旅游行程，在Instagram上晒出照片。每张照片里都有一个写着数字的小牌子，记录着他们已经走了多远。他们从南非出发，边旅行边打工赚钱，一直在路上。

（课文字数：556字）

▶ 第二步：根据课文内容，为第2段到第5段加上小标题

（1）第2段：__________

（2）第3段：__________

（3）第4段：__________

（4）第5段：__________

▶ 第三步：根据课文内容判断对错（在括号中填"对""错"或"没提到"）

（1）"分享"是本次国际旅游展的主题。（　　　　）

（2）旅行时，更多的人选择跟着旅行团走。（　　　　）

（3）生态游会提高人们的环保意识。（　　　　）

（4）那对情侣一边旅行一边为广告公司工作。（　　　　）

► 第四步：词义理解（根据上下文理解文中画线词语的意思并用它们填空）

A 提前　B 背包客　C 说走就走　D 热门　E 辞　F 情侣　G 打工

（1）他大四时一边学习一边在一家翻译公司________。

（2）人生应该有一次________的旅行，放下手头的工作去散散心。

（3）他们相知相爱，是一对非常浪漫的________。

（4）爬山途中我们遇到了几个________，他们和我们一样，也喜欢自助游。

（5）旅游旺季时的机票和酒店一般需要________一个月左右预订。

（6）这是一条________旅游路线，特别受年轻人欢迎。

（7）他对现在的工作不太满意，所以打算________了工作考研究生。

► 第五步：朗读课文

► 第六步：说一说

数字时代，在你们国家出现了哪些新的旅行方式？

（二）泛读

旅游小贴士

1　计划出国旅游前要注意自己护照、签证的有效期，大部分国家要求护照有效期在6个月或以上。

2　出发前最好先了解当地的旅游信息，好好计划行程，设计最优路线。这样不但可以好好安排宝贵的时间，省钱、省力，而且可以减少意外的发生。

3　最好先购买旅游保险，这样可以减少旅游时的意外损失。

4　出发前了解一下儿当地的天气情况，特别是去

生词：

1. 有效期　yǒuxiàoqī　N　expiration date
2. 意外　yìwài　N / Adj　accident; unexpected
3. 保险　bǎoxiǎn　N　insurance
4. 损失　sǔnshī　N / V　loss; to damage

那些早晚温差大的地区旅行，应准备足够的衣物。

5　不少酒店会提供洗浴用品，但最好能自己带一套，也许会用得上。

6　准备一点儿必需的药品，比如感冒药、防蚊虫的药等；如果户外活动比较多，防晒的护肤品也应准备一些。

7　出行前查一下儿当地的紧急求助电话号码、本国大使馆的联系电话，突然发生紧急情况时可求助。

8　提前了解一点儿当地的文化习俗，特别是有哪些禁忌。

（课文字数：316 字）

5. 防　fáng　V
to guard against

6. 查　chá　V
to check

7. 突然　tūrán　Adj
sudden

8. 习俗　xísú　N
custom, convention

9. 禁忌　jìnjì　N
taboo

1　根据上面的旅游小贴士做一份简单的备忘录（bèiwànglù，memorandum）

项目	关键词
（1）护照、签证	注意有效期
（2）	
（3）	
（4）	
（5）	
……	

2　三人一组，设计一份旅游小贴士

（三）实况阅读

1 旅行社广告

"十一"旅游线路	天数	价格
 Guǎngxī Guìlín, Yángshuò, Lí Jiāng shuāng fēi liù rì yóu 广西桂林、阳朔、漓江 双飞六日游	6天	2880元/人起
 Hénán Luòyáng, Kāifēng, Shàolín Sì yìngwò wǔ rì yóu 河南洛阳、开封、少林寺 硬卧五日游	5天	3280元/人起
 Shànghǎi dòngchē ruǎnwò wǎngfǎn sì rì zìzhù yóu 上海动车软卧往返四日自助游	4天	2780元/人起

（续表）

“十一”旅游线路	天数	价格
 Xīzàng Lāsà Bùdálā Gōng, Dàzhāo Sì dān fēi wǔ rì yóu 西藏 拉萨 布达拉 宫、大昭 寺 单飞五日游	5 天	3680 元 / 人起
 Shāndōng Tài Shān, Qīngdǎo gāotiě wǎngfǎn sān rì zìzhù yóu 山东 泰 山、青岛 高铁 往返 三日自助游	3 天	1899 元 / 人起

（1）生词

① 硬卧	yìngwò	N	hard sleeper
② 动车	dòngchē	N	bullet train
③ 软卧	ruǎnwò	N	soft sleeper
④ 往返	wǎngfǎn	V	journey to and fro
⑤ 高铁	gāotiě	N	high-speed railway

专有名词

十一	Shí-Yī	PN	National Day of China

（2）说一说

“十一”放假一周，你打算和朋友出游。根据上面的旅行社广告，一起商量一下儿出游路线和方式。

2 信息查找

（1）生词

① 省会　shěnghuì　N　provincial capital
② 首府　shǒufǔ　N　capital (of an autonomous region)
③ 简称　jiǎnchēng　N　acronym
④ 直辖市　zhíxiáshì　N　municipality directly under the Central Government
⑤ 首都　shǒudū　N　capital (of a nation)
⑥ 省　shěng　N　province
⑦ 自治区　zìzhìqū　N　autonomous region
⑧ 特别行政区　tèbié xíngzhèngqū　special administrative region

（2）根据中国行政区划表查找信息

①“湘”是________省的简称。
② 中国的两个特别行政区是________和________。
③ 新疆维吾尔自治区的首府是________。
④ 陕西省的省会是________。
⑤ 中国的四个直辖市是北京市、________、________和重庆市。
⑥ 杭州市是________省的省会。

中国行政区划表

名称	省会或首府	简称（别称）
四个直辖市		
北京市　Běijīng Shì（首都）		京　Jīng
天津市　Tiānjīn Shì		津　Jīn
上海市　Shànghǎi Shì		沪　Hù（申 Shēn）
重庆市　Chóngqìng Shì		渝　Yú
二十三个省		
河北省　Héběi Shěng	石家庄市　Shíjiāzhuāng Shì	冀　Jì
山西省　Shānxī Shěng	太原市　Tàiyuán Shì	晋　Jìn
辽宁省　Liáoníng Shěng	沈阳市　Shěnyáng Shì	辽　Liáo
吉林省　Jílín Shěng	长春市　Chángchūn Shì	吉　Jí

（续表）

名称	省会或首府	简称（别称）
二十三个省		
黑龙江省 Hēilóngjiāng Shěng	哈尔滨市 Hā'ěrbīn Shì	黑 Hēi
江苏省 Jiāngsū Shěng	南京市 Nánjīng Shì	苏 Sū
浙江省 Zhèjiāng Shěng	杭州市 Hángzhōu Shì	浙 Zhè
安徽省 Ānhuī Shěng	合肥市 Héféi Shì	皖 Wǎn
福建省 Fújiàn Shěng	福州市 Fúzhōu Shì	闽 Mǐn
江西省 Jiāngxī Shěng	南昌市 Nánchāng Shì	赣 Gàn
山东省 Shāndōng Shěng	济南市 Jǐnán Shì	鲁 Lǔ
河南省 Hénán Shěng	郑州市 Zhèngzhōu Shì	豫 Yù
湖北省 Húběi Shěng	武汉市 Wǔhàn Shì	鄂 È
湖南省 Húnán Shěng	长沙市 Chángshā Shì	湘 Xiāng
广东省 Guǎngdōng Shěng	广州市 Guǎngzhōu Shì	粤 Yuè
海南省 Hǎinán Shěng	海口市 Hǎikǒu Shì	琼 Qióng
四川省 Sìchuān Shěng	成都市 Chéngdū Shì	川 Chuān、蜀 Shǔ
贵州省 Guìzhōu Shěng	贵阳市 Guìyáng Shì	贵 Guì、黔 Qián
云南省 Yúnnán Shěng	昆明市 Kūnmíng Shì	云 Yún、滇 Diān
陕西省 Shǎnxī Shěng	西安市 Xī'ān Shì	陕 Shǎn、秦 Qín
甘肃省 Gānsù Shěng	兰州市 Lánzhōu Shì	甘 Gān、陇 Lǒng
青海省 Qīnghǎi Shěng	西宁市 Xīníng Shì	青 Qīng
台湾省 Táiwān Shěng	台北市 Táiběi Shì	台 Tái
五个自治区		
内蒙古自治区 Nèiménggǔ Zìzhìqū	呼和浩特市 Hūhéhàotè Shì	内蒙古 Nèiménggǔ
广西壮族自治区 Guǎngxī Zhuàngzú Zìzhìqū	南宁市 Nánníng Shì	桂 Guì
西藏自治区 Xīzàng Zìzhìqū	拉萨市 Lāsà Shì	藏 Zàng

（续表）

名称	省会或首府	简称（别称）
五个自治区		
宁夏回族自治区 Níngxià Huízú Zìzhìqū	银川市 Yínchuān Shì	宁 Níng
新疆维吾尔自治区 Xīnjiāng Wéiwú'ěr Zìzhìqū	乌鲁木齐市 Wūlǔmùqí Shì	新 Xīn
两个特别行政区		
香港特别行政区 Xiānggǎng Tèbié Xíngzhèngqū		港 Gǎng
澳门特别行政区 Àomén Tèbié Xíngzhèngqū		澳 Ào

第四部分：趣味汉语

（一）熟语

你知道这些熟语的意思吗？

- 读万卷书，行万里路
- 上有天堂，下有苏杭
- 桂林（Guìlín）山水甲天下

（二）旅游热词

在网上查一查这些旅游热词的意思

- “5G + 旅游”
- 研学旅游
- 全域（quányù）旅游
- 游客黑名单

第六课 婚姻爱情面面观

第一部分：知识银行

（一）常用字

1 情 qíng 

形声字，由意符“忄”（心）和声符“青”两部分组成，本义是感情。

现代汉语常用义：感情；情况。一般做构词语素，不单独使用。

例：感情　热情（rèqíng，enthusiasm）

　　心情　情况（qíngkuàng，situation）

练习：选择合适的词语填空

A 亲情、友情　　B 表情　　C 病情

（1）你看他脸上的________就知道他不高兴了。

（2）这个电视节目是关于________的。

（3）医生说他的________不太严重，放心吧！

2 可 kě 

会意字，字形由“ㅂ”（发声）和“丂”（一种乐器）组成，本义为在神前歌唱。

现代汉语常用义：能够；值得；不过。常做构词语素，也可作为副词单独使用，或出现在“可 + Adj + 了”格式中。

例：可以　可爱　可惜（kěxī，regrettable）　可是

练习：解释下列句子中画线词语的意思

（1）他这次考得这么好，可见花了很多时间和精力准备。

（2）他每次跟我见面都迟到，真可气！

（3）昨天我看了一个恐怖（kǒngbù，horrible）电影，太可怕了！

（二）常用书面词语

1 与：介词，引进动作行为有关的对象，相当于“跟”“同”。

（1）我与她自小便认识。

（2）与我不同，他选择去外地工作。

2 即：用在判断句中表示肯定，意思是“（就）是”。

（1）本学期有两门课的选课人数增多，即世界历史与英国文学。

（2）文章里的“ABC”即America-born Chinese，是指在美国出生的华裔（huáyì，ethnic Chinese）。

（三）常用句式

……，也就是说，……

（1）我买车了，也就是说，以后可以开车出去玩儿了。

（2）这个地区老年人口占了14%，也就是说，差不多每7个人中就有1个老年人。

练习：补全句子

（1）这个提议全票通过了，也就是说，______________________________。

（2）提交申请的截止日期是6月16号，也就是说，______________________________。

第二部分：技巧训练

技巧（六）：通过构词语素猜测词语的意思

汉语中，有些词语的意思可以通过语素的意思猜出来。例如：知道“病”和“房”的意思，可以知道“病房”的意思；从“喜”和“爱”可以猜出“喜爱”的意思。

练习：给下列词语找到相应的解释

费用	结婚双方约定结婚
订婚	花在某一方面的钱
已婚	第一次见到对方就喜欢上了
一见钟情	已经结婚

第三部分：阅读实践

(一) 精读

1 生词学习

1	结婚	jié//hūn	VO	to marry, to get married	……跟 / 和……结婚 他想明年跟女朋友结婚。 他们结婚30年了，婚姻（hūnyīn，marriage）幸福美满。
2	反映	fǎnyìng	V	to reflect	这次考试成绩反映出了他的汉语水平。 这部电影反映了上海20世纪80年代的生活。
3	特点	tèdiǎn	N	characteristic, feature	时代的特点；性格特点 人们的穿衣打扮能反映出不同时代的特点。 她说话有一个特点，就是总喜欢问“对吗？”。
4	变化	biànhuà	N	change	变化很大；有变化；发生变化 几年不见，他的变化很大。
			V	to change	他们的态度变化得很快。
5	于是	yúshì	Conj	hence	他告诉我小丽也来，于是我买了三张电影票。 她也学习法语，我们一起参加过几次活动，于是我们成了朋友。
6	引起	yǐnqǐ	V	to cause, to lead to	引起注意；引起兴趣 那个人引起了警察的注意。 “美食”这个话题（huàtí，topic）引起了大家的兴趣。
7	思考	sīkǎo	V	to think, to ponder	他正坐在桌前思考着一道数学题。 这个问题引起了大家的思考。

8	族	zú	Suf	① class of people with common features	上班族；不婚族 来这里健身的人大多都是上班族。
				② ethnic group	民族；汉族 中国有56个民族。 这是汉族人的传统服装。
9	出现	chūxiàn	V	to appear, to arise	出现问题；突然出现 这台电脑出现了一些问题。
10	相信	xiāngxìn	V	to believe, to trust	相信他；相信他的话；相信他会来 我们是好朋友，我非常相信他。 我不相信他说的话。
11	一辈子	yíbèizi	N	all one's life	这（一）辈子；一辈子的时间 跟她结婚是我这（一）辈子最幸福的事。
12	态度	tàidu	N	attitude, manner	热情的态度；态度好；对……的态度 这位服务员的态度非常热情。 他对工作的态度非常认真。
13	谨慎	jǐnshèn	Adj	prudent, cautious	说话谨慎；小心谨慎 他是说话、办事都比较谨慎的一个人。 爬山时要小心谨慎。
14	相反	xiāngfǎn	Adj	contrary, opposite	意见相反；与……相反 他跟我们的意见相反。 与他相反，我一点儿也不爱运动。

2 热身练习

（1）为下面的词语找出相应的图片

①红包________　　②谈恋爱________　　③婚礼________

④婚戒（jiè）________　　⑤结婚证________　　⑥缝纫机（féngrènjī）________

A

B

C

D

E

F

（2）从下面的句子中找出画线词语的搭配词语

① 这个问题引起了年轻人的思考。

引起________

② 随着人们生活水平的不断提高，为结婚准备的东西也在发生着变化。

随着________

③ 与“裸婚族”追求婚姻生活不同，有一些人相信爱情，但不相信婚姻。

与________

3 课文：婚姻爱情面面观

▶ 第一步：读前思考，读后回答

思考题：

（1）人们对待婚姻的态度都有哪些？

（2）你听说过“裸婚族”“不婚族”吗？

1　结婚习俗能反映一个时代的特点。随着人们生活水平的不断提高，为结婚准备的东西也在发生着变化。在 1970 年代，中国人的“结婚三大件”是手表、

自行车和缝纫机。到了1980年代，人们生活好了，"结婚三大件"换成了冰箱、电视机、洗衣机。1990年代，电话、电脑和空调成为新的"结婚三大件"。到了21世纪，生活有了更大的变化，"结婚三大件"变成了房子、车子、票子，简简单单的六个字，可是难倒了不少人，特别是一线城市的家庭。生活消费高，结婚花费也跟着水涨船高。于是一个问题引起了年轻人的思考：结婚一定要准备那么多"身外之物"吗？

"裸婚族"

2 近几年，在"90后"的年轻人中出现了"裸婚族"。"裸婚"即结婚时不要彩礼，不买房，不买车，无婚礼，也没有婚戒。也就是说，结婚只要一个结婚证，其他的什么都不需要。他们觉得只要两个人的心在一起，开心就好。

"不婚族"

3 与"裸婚族"追求婚姻生活不同，有些人相信爱情，但不相信婚姻，或者不想让婚姻带给双方和双方家庭压力。他们要爱情自由，也要个人自由，选择一辈子不结婚。

"闪婚族"

4 大多数人对婚姻的态度是非常小心谨慎的。与他们相反，有一些人说"3秒钟可以爱上一个人，8分钟可以谈一场恋爱，13个小时就可以结婚"。人们叫他们"闪婚族"。他们相信一见钟情，很多人从认识到结婚，不到6个月，甚至有的认识1个月就结婚了。

（课文字数：550字）

► 第二步：从课文中找出下列问题的答案

（1）关于"结婚三大件"，下列哪个正确？（第1段）

A 时代不同，但结婚习俗一直没有变化

B 住房、汽车和钞票是2000年后的"结婚三大件"

C 自行车、电视机和洗衣机是1980年代的"结婚三大件"

D "结婚三大件"对一线城市的人们来说，很容易准备

（2）出现“裸婚族”的原因不包括：

A 结婚需要一大笔钱

B 生活消费水涨船高

C 双方家人同意裸婚

D 大城市买房压力大

▶ 第三步：根据课文内容，给几类婚姻族群找到相应的解释

（1）裸婚族　　　　A 从认识到结婚，时间很短的人

（2）不婚族　　　　B 结婚不需要任何物质准备的人

（3）闪婚族　　　　C 不打算结婚的人

▶ 第四步：句义理解

（1）简简单单的六个字，可是难倒了不少人，特别是一线城市的家庭。（第 1 段）

A 有很多人不理解“房子、车子、票子”这六个汉字的意思

B 小城市的家庭挣得少，买房子、汽车不容易

C 大城市生活压力大，准备“房子、车子、票子”不容易

（2）生活消费高，结婚花费也跟着水涨船高。（第 1 段）

A 生活成本高，结婚要花的钱也会变多

B 生活花费多，想要买船不容易

C 因为结婚花的钱多，所以生活消费很高

（3）近几年，在“90 后”的年轻人中出现了“裸婚族”。（第 2 段）

A 1990 年以后，有的人会选择“裸婚”

B 1990 年代出生的人中，有人选择“裸婚”

C 不管是老人还是年轻人，都有人选择“裸婚”

▶ 第五步：词义理解

（1）第 1 段“身外之物”在课文中指的是________。

A 衣服　　　　B 车和房子　　　　C 财物

（2）第 2 段“裸婚族”的“裸”是什么意思？

A 水果　　　　B 收入高　　　　C 什么都没有

（3）第 4 段“闪婚族”的“闪”是什么意思？

A 速度快　　　　B 态度好　　　　C 时间长

▶ 第六步：话题词语扩展——你能猜出下列词语的含义吗？

①网恋　　②忘年恋　　③姐弟恋

④丁克（dīngkè）族　　⑤相亲　　⑥催（cuī）婚

▶ 第七步：朗读课文

（二）泛读

你是“恐归族”吗？

1　春节是中国最重要的传统节日，人们都要回家跟家人一起过年。可是近几年，有些人一想到回家过年，心里就很恐惧，这些人被叫作“恐归族”。

2　他们“恐归”的原因是什么？为什么害怕回家过年？

3　第一，要花钱的地方太多。过节少不了走亲访友，看亲戚、见朋友，不带礼物、不给红包，会觉得不好意思。红包除了给老人，还要给亲友的下一代，里边放上压岁钱。给红包就要花不少钱，请客吃饭就更不用说了。

4　第二，害怕父母逼婚。婚姻大事是父母最关心的，如果你还没有谈恋爱，没打算结婚，父母一定会每天在你耳边“逼”你。

5　第三，怕常年在外，已经不适应老家的生活。有一些在外地生活了很长时间的人，已经不习惯老家的生活了，尤其对已婚的人来说，另一半可能会更不适应。

生词：

1. 春节　Chūnjié　PN　Spring Festival, Chinese New Year
2. 恐惧　kǒngjù　Adj　frightened
3. 害怕　hài//pà　VO　to be afraid, to be scared
4. 亲戚　qīnqi　N　relative
5. 压岁钱　yāsuìqián　N　money given to children as a Chinese lunar New Year gift by seniors
6. 逼　bī　V　to force, to compel
7. 尤其　yóuqí　Adv　especially

6 第四，怕走亲访友没完没了，自己太累。过年过节少不了聚会，亲戚聚、朋友聚。假期不长，大部分时间都要花在吃饭聚会上，太累了。而且聚会也少不了被别人问这问那，工作啦、工资啦、结没结婚啦，让人很头疼。

7 第五，春节回家的人多，交通压力大，车票难买，回家的路费也是一笔不小的开销。

（课文字数：438 字）

8. 聚会 jùhuì V / N to get together; party
9. 大部分 dàbùfen N greater part, majority
10. 开销 kāixiāo N spending, expense

1 内容理解

"恐归族"出现的原因是什么？

原因	关键词
1. 开销大	走亲访友、带礼物、给红包、给压岁钱、请客吃饭
2.	
3.	
4.	
5.	

2 根据课文内容推断下列词语的意思，并选择合适的词语填空

A 走亲访友　　B 另一半　　C 就更不用说了　　D 没完没了

（1）给她打电话，每次一打就半个多小时，她总是说个＿＿＿＿。
（2）他终于找到了＿＿＿＿，这个月就要结婚了。
（3）每到春节，鲜花店的生意就特别好，人们＿＿＿＿时少不了买鲜花当礼物。
（4）这条路平时就很堵，上下班时间＿＿＿＿。

3 根据课文内容和下列句子，解释画线词语意思

（1）现在有很多父母花大价钱买离学校近的房子，都是为了下一代能就近上学。

（2）来北京旅游，游客们少不了去故宫、长城。

（3）假期一回家，妈妈就问这问那，想了解小明一学期的学习、生活情况。

4 说一说

（1）你是“恐归族”吗？你有过“恐归”的经历吗？

（2）在你们国家的语言里，有没有类似“～族”的词语？

（三）实况阅读

1 征婚（zhēnghūn，marriage-seeking）广告

征婚广告1

女，35岁。日间是医生，8小时后是一个活泼开朗、擅长讲笑话的女性。希望遇到同样活泼开朗的、高大英俊的男士，能聊天儿时一起开怀大笑。

征婚广告2

女，32岁，1.60米，未婚，大学毕业。热爱生活，温柔体贴，相信一见钟情。寻找35岁左右、有稳定工作、家庭责任心强、有一定经济基础的男士。

（1）生词

① 活泼	huópō	Adj	vivacious, lively
② 开朗	kāilǎng	Adj	cheerful
③ 擅长	shàncháng	V	to be good at
④ 英俊	yīngjùn	Adj	handsome
⑤ 温柔	wēnróu	Adj	(*usually of a woman*) gentle and soft
⑥ 基础	jīchǔ	N	foundation, basis

（2）回答问题

① 这两个广告是关于什么的？

② 这两个征婚广告分别关注男士的什么方面？

③ 征婚广告1和2的风格（fēnggé，style）有什么不同？你能看出征婚人的性格吗？

2 信息查找

根据下面的描述，看看他 / 她是哪一族

（1）美玲，喜欢唱歌，喜欢流行音乐，每次最喜欢的歌手开演唱会都会买票去观看。________

（2）明华，38 岁，未婚，某公司经理，喜欢旅游，去过 36 个国家。________

（3）大军，30 岁，未婚，在一线城市打工，总是被父母问什么时候结婚。________

（4）丽娜，38 岁，已婚，公司白领，享受与丈夫的二人世界，没有孩子。________

（5）小伟，喜欢打游戏，每天拿着手机玩儿游戏。________

你属于这些"族"吗？

"族"在汉语里可以指有着共同性质、特点的一类人。例如：

"上班族"是指在机关、企事业单位工作的人，因为他们要按时上下班，所以叫"上班族"。

"追星族"是指非常喜欢、崇拜（chóngbài，to worship）明星的人，大多是年轻人。

"低头族"是指把时间都花在手机、平板电脑上的人，他们的共同特点是常常低着头玩儿游戏、看视频。

"单身贵族"是指没有另一半，没有子女，又比较富有的人。

"丁克族"是英语 DINK（Double Income No Kids）的音译词，是指夫妻双方都有工作收入，但是没有孩子的人。

"被催族"是指到了结婚年龄却还没成家的人，被父母和亲人催婚。

第四部分：趣味汉语

（一）婚姻相关词语

关于婚姻，有很多有意思的词语。介绍结婚双方认识的人叫"媒人"（méiren，matchmaker），也称作"月老""红娘"。婚后，丈夫和妻子之间可以互称对方"老婆""老公"。除此之外，妻子还可以称呼丈夫"当家的""老头子""老伴儿"等，丈夫对妻子的称谓有"媳妇儿"（xífur）、"孩子他妈"、"老太婆"、"老伴儿"等。向别人介绍时，可以说"这是我爱人"或者"这是我先生""这是我夫人 / 太太"。

结婚 1 年称为"纸婚"，7 年是"铜（tóng，copper）婚"，15 年是"水晶（shuǐjīng，

crystal）婚”，50 年是“金婚”，60 年是“钻石（zuànshí，diamond）婚”。

（二）结婚祝福语

你知道这些结婚祝福语的意思吗？

- 祝你们新婚大喜！百年好合！
- 祝你们永结同心！白头到老！
- 天生一对！早生贵子！

第七课　"按部就班"还是"晃荡青春"？

第一部分：知识银行

（一）常用字

1　定　dìng 

会意字，字形由"宀"（房屋）和"𤴓"（正，由一个口形和人脚组成）两部分构成。本义是回家过安定（āndìng，stable, settled）的生活。

现代汉语常用义：使不动；使不变；不变的、确定的。一般做构词语素。

例：固<u>定</u>（gùdìng，fixed）　稳<u>定</u>（wěndìng，stable）

决<u>定</u>（juédìng，to decide; decision）　肯<u>定</u>（kěndìng，sure, definitely）

练习：选择合适的词语填空

A 约定　　B 定时　　C 一定

（1）手机闹钟每天________叫他起床。

（2）放心吧，我________不会忘。

（3）他和小明有一个________，毕业五年后一起回母校看看。

2　业　yè 

象形字，字形由"丵"和"木"两部分组成。本义是古时乐器架子上的大版。

现代汉语常用义：学习的内容或过程；行当、工作。一般做构词语素，不单独使用。

例：毕<u>业</u>（bì//yè，to graduate）　工<u>业</u>（gōngyè，industry）

旅游<u>业</u>　职<u>业</u>

练习：选择合适的词语填空

A 失业　　B 业绩　　C 业内

（1）我们公司这个月的________不错。

（2）最近几年，这个地区经济情况不好，很多人________了，生活压力很大。

（3）汉语语法的问题我不太了解，你最好问一下儿________人士。

（二）常用书面词语

1 较：（1）副词，意思是“比较起来有一定的……”。

那所学校离家较远。

（2）介词，相当于“比”。

“不婚族”的人数较以前增加了。

2 如此：代词，意思是“这样、这么”。

（1）他下了班先去健身，天天如此。

（2）没想到她们俩的性格如此不同。

（三）常用句式

想……就……

（1）想吃就吃，想睡就睡，想旅行就马上出发，这是我想要的生活。

（2）我在家想做什么就做什么，很自由。

练习：用“想……就……”改写句子

（1）一个人住比较自由，自己什么时候吃东西，什么时候睡觉、休息，不受别人影响。

____

（2）这次的作文，大家可以自己选择题目，写什么内容都可以。

____

第二部分：技巧训练

技巧（七）：识别句中的人名、地名、机构名等

阅读过程中，我们可以根据词语结构、词语搭配、标点符号等，识别陌生的人名、地名或机构名。例如：

（1）我的老师张宁是从山东来北京的。

（2）在海外生活了四十多年以后，他和爱人回到了天津。

（3）毕业后他顺利地进入了一家律师事务所，成了一名律师。

（4）今天我要介绍的是角直——一个有着2500年历史的江南水乡。

练习：画出句中的地名、国名

（1）他要飞到石家庄找他在德国认识的朋友。

（2）他是波兰人，住在德国。

（3）在北京朝阳区金融中心，有一家很小的米粉店，老板是一个来自湖南的北京大学研究生。

（4）家在福建的小王毕业后与三个同乡一起回老家创业。

第三部分：阅读实践

（一）精读

1 生词学习

1	按部就班	ànbù-jiùbān		in good order, to stick to conventional ways of doing things	一毕业，他就按部就班地工作、结婚、生子。 有的人不喜欢按部就班的生活。
2	晃荡	huàngdang	V	to loaf around	晃荡一下儿；到处晃荡；晃荡青春 比赛输了，他什么都不想干，昨天在公园晃荡了一天。 年轻就要有理想，要努力，不能晃荡青春。
3	固定	gùdìng	Adj	fixed	固定收入；固定时间；固定电话 他没有固定收入，生活比较困难。
			V	to fix, to fasten	固定下来；固定在……上 他想把这幅画儿固定在墙上。
4	明确	míngquè	Adj	clear-cut, explicit	明确的答案；明确的意见；态度明确 同意还是不同意，他的态度不太明确。
5	目标	mùbiāo	N	goal, target	实现目标；人生目标；明确的目标 通过努力，他终于实现了自己的目标。
6	就业	jiù//yè	VO	to be employed, to get a job	就业机会；就业率（lǜ，rate）；就业人数；就业难 这个工厂为一千多工人提供了就业机会。 这个城市近几年就业率较高，失业人口少了很多。

7	敢	gǎn	V	to dare	你敢一个人去旅行吗？ 他是一个敢想敢做的人。
8	拥有	yōngyǒu	V	to have, to own	拥有一家大公司；共同拥有 这家公司是他们共同拥有的。
9	周围	zhōuwéi	N	border, surrounding	周围地区；周围的环境 他刚到国外，对周围的环境还不熟悉。
10	观念	guānniàn	N	idea, concept	传统观念；新观念 随着社会的发展，很多传统观念发生了改变。
11	多元化	duōyuánhuà	Adj	pluralistic	多元化发展；多元化需求 我们生活在一个多元化的世界里。
			V	to become pluralistic	产品多元化；文化多元化； 教育多元化 为了发展，公司产品要多元化。

2 热身练习

（1）为下面的词语找出相应的图片

①好奇________ ②伤心________ ③外国小伙子________ ④孔子________

A

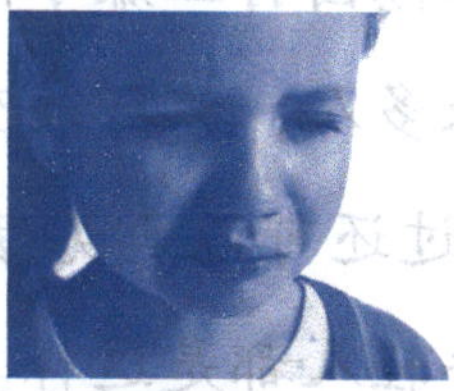
B

C

D

（2）选择合适的词语填空

A 多元化 B 固定 C 就业 D 明确 E 观念

① 他从来都不迟到，时间________很强。

②很多大学生面临“________难”的问题，毕业后找不到工作。

③这个上课时间不是________的，可以随个人的情况调整。

④这家公司不断丰富自己产品的类型，要进行________发展。

⑤他做事有________的目标，又肯努力，一定会成功的。

3 课文：“按部就班”还是“晃荡青春”？

▶ 第一步：读前思考，读后回答

思考题：

（1）“晃荡青春”是什么意思？

（2）在你们国家，大学生是怎么设计未来的？

（3）你了解中国大学生的生活吗？

1 飞机上，我的座位旁边坐着一个外国年轻人，他要飞到石家庄找他在德国认识的朋友。

2 他是波兰人，在德国学习、工作了很多年，这次来中国参加汉语比赛。波兰小伙儿说这一次他可以在中国待90天。我好奇地问：“你不用工作吗？”他说他还没有固定工作，在德国打工赚了点儿钱，然后就去周游世界了。他说他去过很多国家，认识了很多人，旅行改变了他的人生。我又问他多大了，他说他现在已经28岁了，不过还可以再晃荡几年，然后再把生活固定下来。他说在他生活的环境里很多年轻人都是这样。我没想到，他们的生活会与我们如此不同。

3 在中国，28岁该是什么样子？孔子说“三十而立”，在中国人眼里，28岁已经不再年轻，不能想做什么就做什么，应该有明确的人生目标。有些人甚至觉得如果30岁还不能出人头地，人生可能就“完”了。于是我们一进入大学就要好好想一想以后怎么就业，然后一毕业就工作、结婚、生子，过着跟大多数人一样按部就班的生活，不敢让人生出一点儿错。大概每个中国人都知道“少壮不努力，老大徒伤悲”这句诗，意思是年轻时不努力，老了伤心也没有用。

4 其实，不少中国年轻人也希望在完成学业以后，能像那个波兰年轻人一样，

按照自己的兴趣生活，拥有一段“晃荡的青春”。但是在周围的人都努力向前走的大环境下，自己真不好意思“晃荡”，而且担心一步跟不上，就步步跟不上了。

5 不过，随着社会的发展，不少年轻人不愿意走父母的老路，要走自己的路，过自己想要的生活，人们的观念和生活方式也越来越多元化。

（课文字数：608字）

本文改编自《中国的年轻人为什么不敢晃荡青春?》，作者陈方

► 第二步：从课文中找出问题的答案

课文中的波兰小伙儿现在的生活状态是怎样的？

____

► 第三步：根据课文内容判断对错（在括号中填“对”“错”或“没提到”）

（1）波兰小伙儿曾经来中国学过汉语。(　　　　)

（2）在中国，像波兰小伙儿一样自由自在生活的年轻人比较多。(　　　　)

（3）中国人觉得28岁已经不是想做什么就做什么的年纪了。(　　　　)

（4）“少壮不努力，老大徒伤悲”的意思是小孩子不努力，家长会伤心。(　　　　)

（5）现代中国年轻人的生活方式变得越来越多样。(　　　　)

► 第四步：句义理解

（1）他说他现在已经28岁了，不过还可以再晃荡几年，然后再把生活固定下来。（第2段）

A 28岁已经不小了，现在应该找一个稳定的工作了

B 28岁已经是一个不能再按照自己意愿生活的年龄了

C 现在还年轻，还可以再过几年自由自在的生活

（2）担心一步跟不上，就步步跟不上了。（第4段）

A 做事情要跟别人同步，不然以后就很难跟上了

B 做事情第一步跟别人不一样，以后都会不一样

C 走路的时候，每一步都要跟别人一样快

（3）不少年轻人不愿意走父母的老路，要走自己的路。（第5段）

A 年轻人希望自己老了以后的生活跟父母一样

B 年轻人觉得父母老了，跟自己的想法不一样

C 年轻人想按照自己的想法生活，不跟父母一样

▶ 第五步：词义理解（为画线词语选择合适的意思）

（1）孔子说"三十而立"。（第 3 段）

A 人到了 30 岁，也还很年轻

B 到了 30 岁，要多学新的知识

C 30 岁要有明确的人生目标

（2）有些人甚至觉得如果 30 岁还不能出人头地，人生可能就"完"了。（第 3 段）

A 去外地生活

B 超过一般的人

C 找到合适的工作

▶ 第六步：朗读课文

▶ 第七步：说一说

你大学毕业后想选择 / 选择了什么样的生活？

（二）泛读

大学生就业观正在发生改变

1 小静是一个名牌大学的毕业生，刚开始找工作的时候她想留在北京。可是，面试了一些公司后发现竞争太激烈，想来想去，最后选择回到老家——二线城市苏州。最近几年，像她这样的毕业生较以前增加了不少。根据最新的就业调查，苏州、西安、南京已进入大学生最理想就业城市的前五名。

生词：

1. 竞争 jìngzhēng V to compete
2. 激烈 jīliè Adj intense, fierce

2　与以前相比，除了不再坚持选择一线城市和稳定的工作，大学生就业还有了一些其他变化。

大学生自主创业

3　以前找工作要挑城市，看是不是"铁饭碗"，而现在越来越多的大学生毕业后选择自己创业。在北京朝阳区金融中心，有一家很小的米粉店，老板是一个来自湖南的北京大学研究生。虽然店很小，而且开店很累，但是这个"90后"男孩儿很满意，也有信心做到最好。

大学生当农民

4　最近，还有一个大学毕业生上了电视。他成绩非常好，能力也很强，课外自己打工赚生活费。他毕业时得到了读研究生的机会，可是他放弃了；也有不错的公司给他就业机会，他也放弃了。他的选择是回老家当"农民 CEO"。

5　有很多从农村来的大学毕业生，用学到的知识回去改变农村。家在福建的小王毕业后与三个同乡一起回老家创业，他们用互联网改变了家乡茶叶的营销方式，还建了一座小图书馆，让村里的孩子可以随时来看书，大人们也可以来"充充电"。

6　还有的大学生毕业以后去当"村官"(cūnguān, village official)，带大家一起建新农村，受到了农民的欢迎。

（课文字数：546 字）

3. 增加　zēngjiā　V
to increase
4. 根据　gēnjù　Prep
on the basis of, according to
5. 理想　lǐxiǎng　Adj
ideal
6. 稳定　wěndìng　Adj
stable, steady
7. 自主　zìzhǔ　V
to act on one's own, to be independent
8. 创业　chuàngyè　V
to establish a business
9. 信心　xìnxīn　N
confidence
10. 能力　nénglì　N
ability
11. 机会　jīhuì　N
chance, opportunity
12. 放弃　fàngqì　V
to give up
13. 营销　yíngxiāo　V
marketing

1 内容理解

（1）根据课文，中国大学毕业生的就业观与以前相比发生了什么变化？写出关键词。

以前：________________

现在：________________

（2）课文中介绍了几个大学生的就业故事？简单介绍一下儿。

____

（3）课文中提到了一个“上电视的大学毕业生”，为什么电视上有关于他的介绍？

____

2 解释下列句子中的画线词语，并找出相应的图片

（1）以前找工作要挑城市，看是不是“铁饭碗”，而现在越来越多的大学生毕业后选择自己创业。（第 3 段）

“铁饭碗”：________________

（2）他们还建了一座小图书馆，让村里的孩子可以随时来看书，大人们也可以来“充充电”。（第 5 段）

“充充电”：________________

A

B

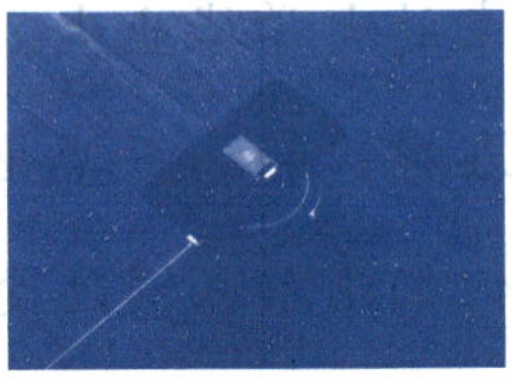

C

D

3 选择合适的词语填空

A 稳定　B 创业　C 根据　D 放弃　E 理想　F 营销　G 能力

（1）他学的专业是市场________，现在这份工作正好适合他。

（2）他选择________“铁饭碗”的工作，运用自己所学的知识去________。

（3）________一项调查，80% 的女性认为理想的另一半要有一个________的工作。

（4）他为了增加知识、提升自身的工作________，第一步做的就是回学校“充电”。

（5）苏州、西安、南京已进入大学生最________就业城市的前五名。

4 说一说

（1）介绍一下儿你们国家大学毕业生的就业选择情况。

（2）讨论一下儿在大城市就业的利弊。

（三）实况阅读

1 招聘广告

> **招聘广告**
>
> 北京今日广告公司诚聘广告设计人员两名。要求：24—35岁，大学毕业，有广告公司设计经验，男女不限。有意者请将简历发送至sun7208@jinri.com.cn。
>
> 联系电话：010-10017208
>
> E-mail：sun7208@jinri.com.cn

（1）生词

①广告	guǎnggào	N	advertisement
②要求	yāoqiú	N	requirement
③简历	jiǎnlì	N	résumé, CV

（2）回答问题

①这个广告里招聘的职位是什么？

②大学应届（yīngjiè，this year's）毕业生符合这个公司的招聘要求吗？

2 信息查找

面试官1：你为什么想来我们公司呢？

应聘者：贵公司在行业内的品牌（pǐnpái，brand）和地位（dìwèi，position, status）非常吸引我，我希望加入贵公司。

面试官2：跟其他应聘者相比，你觉得你有什么优势？能胜任（shèngrèn，to be competent at）这个工作吗？

应聘者：我热爱这份工作，有责任（zérèn，responsibility）心，有团队合作精神（jīngshén，spirit），而且能熟练使用Photoshop等软件。我相信自己能胜任这个工作。

应聘者：请问，这个工作需要经常出差吗？

面试官3：是的，有时周末也需要。不过，有加班费。

应聘者：请问，试用期是多长时间？

面试官 4：3 个月。在试用期内，有员工培训（péixùn，training）。

回答问题

（1）以上对话发生在哪儿？什么是“面试官”，什么是“应聘者”？

____

（2）应聘者为什么觉得自己能做好这份工作？

____

（3）应聘者都问了哪些问题？

____

（4）“加班费”的意思是______________；“试用期”的意思是______________

第四部分：趣味汉语

（一）三十而立

在中国，年轻人到了三十岁，总会想起孔子说的“三十而立”，它出自《论语》。《论语》里有一段孔子著名的话，描述他的成长历程：“吾十有五而志于学，三十而立，四十而不惑，五十而知天命，六十而耳顺，七十而从心所欲，不逾矩。”意思是他自十五岁起立志学习；到了三十岁，已经能够自立，有了明确的人生目标，并朝着这个目标不断努力；到了四十岁，遇到事情不再感到困惑（kùnhuò，confused）；五十岁的时候就知道哪些是人力改变不了的事情；六十岁时能听进去各种不同的意见；七十岁就可以随心所欲（suíxīnsuǒyù，to do as one wishes）地做事，但又不会超出规矩。

三十岁是人生中一个重要的年龄段，人们希望在三十岁能达到这样的人生状态：建立起自我，立足于社会，有比较稳定的价值观。因为孔子的这句话，三十岁也被称为“而立之年”。

（二）“～族”“～师”“～员”

你知道下面这些词语的意思吗？上网查一查

- 北漂族
- 啃老族
- 工薪族

- 月光族
- 蚁族
- 物流师
- 互联网营销师
- 电子竞技员
- 直播销售员
- 人工智能工程技术员
- 大数据工程技术员

第八课 居大不易

第一部分：知识银行

（一）常用字

1 居 jū 

形声字，“尸”为意符，表示与“人”有关，“古”为声符。字形的左上部分像一个人蹲坐的样子，“居”的本义即为蹲坐，后由蹲坐引申为居住。

现代汉语常用义：住；住的地方；在（某种位置）。除“在（某种位置）”义项外，一般做构词语素，不单独使用。多用于书面语。

例：居民　居住　新居　位居（第三名）

练习：选择合适的词语填空

A 旅居　　B 居留证　　C 故居

（1）他拿到了外国人________。

（2）三十多年来，他一直________国外。

（3）这个城市有很多名人________，很多历史名人都曾在这里生活过。

2 易 yì 

会意字，字形表示从一个器皿往另一个器皿里倒液体。“易”本义为倾倒，后引申为改变、变易，这种变易是很容易的，因此后来又引申为容易。

现代汉语常用义：容易；改变；交换；等等。除“容易”义项外，多用于书面语。可单独成词，也可做构词语素。

例：简易　易地　贸易　交易

练习：选择合适的词语填空

A 易手　　B 易燃　　C 易记

（1）他的电话号码简单________。

（2）他的房子几经________，早就不知道卖给谁了。

（3）坐飞机不可以带打火机等________物品。

（二）常用书面词语

1 今：名词语素，意思是“现在、现代（跟‘古’相对）、当前的”。

（1）一百多年前的小村子，今已成为一座大城市。

（2）过了今冬明春，他的病就不会有大问题了。

2 宜：形容词语素，意思是“适合”。

（1）那个地方风景宜人。

（2）杭州被认为是中国最宜居的城市之一。

（三）常用句式

之所以……，是因为……

（1）他之所以没去旅行，是因为要准备考试。

（2）他之所以来这家公司工作，是因为喜欢这儿的工作环境。

练习：用“之所以……，是因为……”改写句子

（1）他没去外地工作的原因是家人不同意。

____

（2）他能成功是由于多年的努力和坚持。

____

第二部分：技巧训练

技巧（八）：利用上下文中词义形成对比（duìbǐ，to contrast）的词语理解词义

阅读过程中遇到不认识的词语时，有时可以在上下文中找到一些与它的意义形成对比的词语或者句子，帮助我们理解。例如：

（1）日常生活中应该节约水电，不浪费一滴水、一度电。

（2）这条购物街周末非常热闹，平时有些冷清。

练习：在句中找出画线词语的反义词

（1）小孩子的想法很简单，很难理解大人之间这么复杂（fùzá）的事。

（2）这件事他心里很清楚，但跟我们说得很含糊（hánhu）。

（3）大城市的生活很忙碌，小城市的生活则悠闲（yōuxián）得多。

（4）上学时他的生活比较单调（dāndiào），现在工作了，生活比以前丰富多了。

练习：选择合适的词语填空

A 复杂　　B 含糊　　C 悠闲　　D 单调

（1）这家店的服装都是黑、白、灰三种颜色的，看上去有点儿________。

（2）他对这件事的态度很________，不说同意，也不说不同意。

（3）有时候越________的问题，解决的方法越简单。

（4）这大半年来，他的日子过得很________，心情很放松。

第三部分：阅读实践

（一）精读

1 生词学习

1	逃	táo	V	to run away, to escape	逃离；逃走；逃学 他很想逃离这个地方，去过安安静静的生活。
2	北上广	Běi-Shàng-Guǎng		Beijing, Shanghai, and Guangzhou	
3	经济	jīngjì	N	economy	这个城市的经济发展很快。
			Adj	economical	坐地铁上下班比较经济，比开车省钱。
4	发达	fādá	Adj	developed	经济发达；信息发达； 交通发达；发达地区 大城市经济比较发达。
5	教育	jiàoyù	N	education	重视教育；教育水平 父母们很重视孩子的教育问题。

			V	to educate	这个家庭教育出的孩子都很优秀（yōuxiù，excellent）。
6	医疗	yīliáo	N	medical treatment	医疗水平； 医疗机构（jīgòu，institution） 这家医院的医疗水平很高。
7	才能	cáinéng	N	ability, talent	有才能；音乐才能 他表现出了多方面的艺术才能。
8	困难	kùnnan	Adj	difficult	困难的日子；生活困难 这个家庭困难的日子已经过去了。
			N	difficulty	遇到困难；解决困难 他常热心地帮别人解决困难。
9	工资	gōngzī	N	salary	工资高 / 低；提高工资 这家大公司工资比较高。
10	差距	chājù	N	gap, disparity	差距大 / 小；缩小差距 十年前这两个地方的经济水平差距很大，现在缩小了。

专有名词

昆明	Kūnmíng	PN	Kunming, a city of China	

2 热身练习

（1）为下面的词语找出相应的图片

①拥挤________　②奔忙________　③空气清新________

④悠闲________　⑤竞争________

A

B

C

D

E

（2）在下面的关键词中选择一些有代表性的，对比一下农村生活和城市生活

压力　慢生活　机会　自然　竞争　田园　拥挤　简单

奔忙　紧张　悠闲　交通拥堵　物价高　空气清新　绿色食品……

农村生活：____

城市生活：____

（3）选择适合的词语填空

A 才能　　B 困难　　C 发达　　D 工资　　E 差距

① 目前，中国东部沿海地区经济比较________。

② 虽然生活________，但他没有放弃梦想。

③ 这份工作虽然________不高，但是能学到很多东西。

④ 这家大公司吸引了很多有________的年轻人。

⑤ 这支球队还很年轻，跟强队之间有很大的________。

3 课文："逃"还是"留"？

► 第一步：读前思考，读后回答

思考题：

居住在大城市有哪些利弊？

1 "逃离北上广"今已成为热门话题之一。"逃"还是"留"？BTV近日做了一次采访。

2 小赵："我在北京，身边的人还没有看到回老家或二三线城市的。大城市嘛，经济发达，教育、医疗、信息资源丰富，文化更加多元。再说，还有比北京更给年轻人机会的城市吗？虽然'压力山大'，但机会和压力同在。有才能，不怕吃苦，就有机会。"

3 小钱："我有个好朋友，大学毕业后留在了上海，但一直没有安定的感觉。后来考虑再三，还是回老家生活了，这样方便照顾家人，而且房价便宜，自然环境好，更宜居。所以我毕业后还是打算回老家。"

4 小孙："一部分人之所以决定回三四线城市，是因为一线城市买房困难、压力大。但是有些人回去以后，突然发现自己已难以适应小城市，机会少、工资

低、生活比较单调，最后还不是又回到了大城市？”

5　小李：“像我这样在北京‘漂’过几年又回老家的，一是由于是独生子女，要回去照顾父母；二是有北京的工作经历，回老家找工作会容易一点儿；三是由于买房、孩子教育等问题。”

6　小周：“一线城市‘大城市病’越来越严重了。北京房价太高，上班堵车。我有一次到昆明，环境很舒服，真不想走了。”

7　小王：“大城市和小城市各有各的好，也各有各的问题。不过现在中小城市和大城市很多方面的差距在缩小，我想在北京再‘漂’几年，然后打道回府。”

（课文字数：523 字）

► 第二步：根据课文内容，对比在大城市和小城市生活的利弊

城市	利	弊
大城市		
小城市		

► 第三步：关于是“逃”还是“留”，受访者的理由是怎样的？

态度	受访者	理由
支持“逃”		
支持“留”		

► 第四步：句义理解

（1）还有比北京更给年轻人机会的城市吗？（第 2 段）

____

（2）最后还不是又回到了大城市？（第 4 段）

____

（3）我想在北京再“漂”几年，然后打道回府。（第 7 段）

____

▶ 第五步：词义理解

（1）第2段中“压力山大”的意思是：

A 爬山压力很大　　B 压力像山一样大　　C 山的压力很大

（2）第3段中“安定的感觉”的意思是：

A 觉得很害怕　　B 觉得安全、没危险　　C 觉得稳定、心安

（3）第3段中“考虑再三”的意思是：

A 再考虑三次　　B 考虑了多次　　C 考虑了三次

（4）第3段中“宜居”的意思是：

A 居住很便宜　　B 居住很方便　　C 很适合居住

（5）第5段中“漂”的含义不包括：

A 在水里游　　B 没有努力的方向　　C 没有稳定的住所

（6）第5段中“独生子女”是指：

A 男孩子和女孩子　　B 家里唯一的孩子　　C 家里唯一的女孩子

▶ 第六步：朗读课文

（二）泛读

“北上广深”生活大比拼

1　“北上广深”指的是北京、上海、广州、深圳。北京，中国的首都，政治、文化中心；上海，经济、金融中心；广州，商业贸易中心；深圳，科技创新中心，是中国的“硅谷”。这四座城市目前在中国城市中的实力和竞争力居于领先地位，被称为“一线城市”。它们经济发达、资源丰富，拥有多元的文化、便利的交通和独特的城市魅力。

生词：

1. 金融　jīnróng　N　finance
2. 贸易　màoyì　N　trade
3. 硅谷　Guīgǔ　PN　Silicon Valley
4. 独特　dútè　Adj　unique

2　现今，很多毕业生首选“北上广深”这样繁华的一线大城市就业。那么这些大城市上班族的生活是怎样的呢？某网站做了一项调查。

3　从上班路程来看，北京城市最大，人均上班路程也最长，为19.2公里；第二为上海，18.82公里；广州和深圳就要短一些，分别为15.16公里和13.97公里。上班出行时间方面，北京上班路上平均要花52分钟，上海要51分钟，广州需46分钟，深圳得40分钟。可以看出，北京上班族花在路上的时间最多。

4　下面的晚间出行热力图显示了四大城市人们深夜出行的范围。

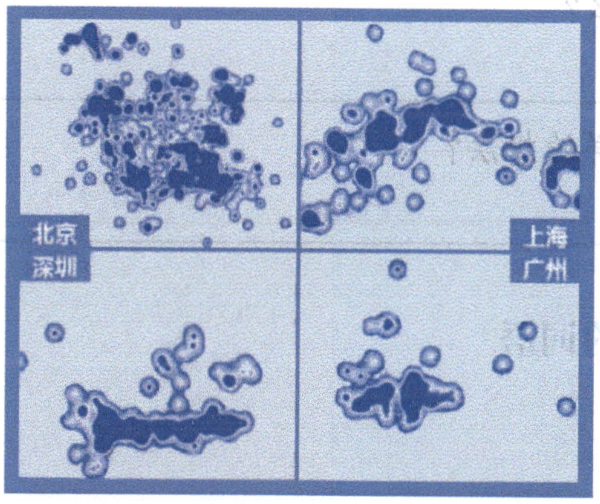

5　从热力图可以看出，22:00—23:00，上海、深圳、广州三个城市的打车地点主要集中在城市商区，而北京的打车地点却是遍布整个城市。每个地方的人都在以自己的方式奔忙着。

6　北京上班族加班到20:00以后，不能回家吃饭的有近30%。北京上班族出行时间最长，加班最多，加班时间最长。由此可见，一线城市的上班族中北京人是最辛苦的。

5. 魅力　mèilì　N
charm
6. 繁华　fánhuá　Adj
bustling, prosperous
7. 路程　lùchéng　N
distance traveled
8. 平均　píngjūn　V
average
9. 范围　fànwéi　N
range, scope
10. 集中　jízhōng　V
to concentrate
11. 辛苦　xīnkǔ　Adj
hard, toilsome

7　居大不易，但是很多年轻人还是愿意为了实现自己的梦想在大城市里打拼，梦想已经成为他们生活的一部分。

（课文字数：550 字）

12. 实现　shíxiàn　V
to come true
13. 打拼　dǎpīn　V
to struggle, to strive

1 根据课文内容，回答下面的问题

（1）一线城市“北上广深”各自的特点是什么？

北京：______

上海：______

广州：______

深圳：______

（2）课文从哪几方面对比了四座城市的生活？对比的结果怎么样？

______

（3）从晚间出行热力图中可以看出什么？

______

（4）在大城市打拼的很多年轻人有怎样的想法？

______

2 从课文中找出与下列说法意思相近的词语

（1）排名在前几位（第 1 段）——

（2）与众不同（第 1 段）——

（3）第一选择（第 2 段）——

（4）每个人平均（第 3 段）——

（5）到处都有（第 5 段）——

（6）从这些方面能看出来（第 6 段）——

3 说一说

（1）你们国家大城市的生活是怎样的？

（2）你愿意在什么样的地方生活？为什么？

（三）实况阅读

1 求租信息

求租

本人因工作原因，需要在北京大学附近租一套 70 平米左右的两居室住房。

要求：交通方便，小区环境安全、安静；

室内设施、家具齐全；

月租金在 6000 元以下。

有意者请电话联系。

联系人：王先生

电话：23123123333

（1）生词

① 设施　shèshī　N　facilities, installation

② 家具　jiājù　N　furniture

（2）写一写：模仿上文，写一条求租信息

____

____

2 信息查找

根据上面王先生的求租信息，为他找一套合适的房子

北京 ▾	找房子	发布信息	我的 ☺

北大西门附近　幸福小区　91 平两居　全南向　拎包入住

两室一厅　5700 元

（续表）

北京 ▾	找房子	发布信息	我的 ☺

北大南门　安园小区　精装修42平一居　首次出租很干净
一室一厅　4500元

北大东门地铁四号线附近　清风园　68平小两居
全新家具家电
两室一厅　5500元

北大东门　百安居　99平大两居　小区环境好
设施、家电齐全
两室两厅　6500元

第四部分：趣味汉语

(一)"居大不易"的由来

唐朝诗人（shīrén，poet）白居易（Bái Jūyì，a famous poet in Tang Dynasty）十六岁的时候来到长安（今西安），他带着自己写的诗去见一位名人。那人看到白居易的名字里有"居易"两个字，就开玩笑说："长安米贵，居大不易。"这句话是说，"居易"的意思是"居住容易"，但是长安城的米很贵，居住在这儿并不容易！可是等他看完白居易的诗以后，又说："你能写出这么好的诗，不用怕长安米贵，居住在长安也很容易。"后来他经常对别人说白居易的诗写得非常好，因此白居易的诗名很快就传（chuán，to spread）开了。"居大不易"就是从这个故事来的，意思是居住在大城市，生活不容易。

(二) 中国一些城市的别名

你知道下面这些城市的本名吗？

- 春城
- 山城
- 冰城
- 江城

阶段测试（二）

一、选择合适的词语填空

A 意外　　B 晒　　C 引起　　D 开销　　E 有效期

1. 这个月她在服装上的________很大。
2. 计划出国旅游以前，要注意自己护照、签证的________。
3. 这个关于上班族的电影________了大家的兴趣。
4. 旅游途中如果发生________，应第一时间拨打当地报警或紧急求助电话。
5. 在网上________照片、写游记，已成为很多人旅行中不可缺少的一部分。

A 发达　　B 竞争　　C 敢　　D 范围　　E 才能

6. 这几课的内容不在考试的________内。
7. 这个城市连接南北，交通比较________。
8. 她胆子很小，肯定不________一个人去那个地方。
9. 这个政策吸引了很多有________的年轻人来这个地区就业。
10. 近几年的就业市场________很激烈，找个好工作不那么容易。

二、排列句子顺序

1. A 而且可以减少意外情况的发生
   B 可以更好地安排宝贵的时间
   C 出发前先了解当地的旅游信息　________

2. A 可是他放弃了
   B 因为成绩非常好、能力强
   C 他得到了读研究生的机会　________

3. A 然后一毕业就按部就班地生活
   B 选择专业时要好好想一想以后怎么就业
   C 作为一个即将进入大学的学生　________

4. A 却还是觉得这是一座希望之城
B 对一些正在打拼的年轻人来说
C 虽然挤在人海中 ________

5. A 他大学毕业后留在了上海
B 考虑再三，还是回老家生活了
C 但一直没有安定的感觉 ________

6. A 因而有更多机会可以让你按自己的方式生活
B 更能包容多元文化
C 大城市工作机会多 ________

7. A 即使将来两个人在一起了
B 如果得不到家人的支持和祝福
C 最后的结果也不会很乐观 ________

8. A 例如爱读童话的小朋友
B 这类旅行产品面向对某方面有特别兴趣的群体
C 或者《权力的游戏》的铁杆粉丝 ________

9. A 汉语里就出现了“闪婚、闪离、试婚、不婚”等新词语
B 现在年轻人的爱情婚姻观念越来越多元化
C 这些也许是过去的人们所不能理解的 ________

10. A 要花钱的地方太多
B 请客吃饭就更不用说了
C 发红包就要花不少钱 ________

三、阅读理解

1. 身心疲累？感情受了伤？试试这种疗法。“心旅”为您精心设计量身定制的独特旅行。

* 这段话可能是：

A 游客分享的游记

B 大夫的治疗建议

C 旅行社的广告词

2. 在乡村你可以零距离接触大自然，呼吸新鲜的空气，吃无污染的食品，身心都得到放松，而在城市除了交通便捷、选择更多以外，这些都很难得到。

* 关于乡村和城市，作者的态度是：

A 更喜欢乡村生活

B 更喜欢城市生活

C 二者都一样喜欢

3. 大部分女性更倾向于有一份稳定的工作，比较容易满足于现状，而男性则更看重工作的未来发展性，要求“人往高处走”，同时男性的期望薪酬也要高于女性。

* 在这段话中没有提到的是：

A 在职业选择上男女存在一定的差别

B 男性的职业发展一般会优于女性

C 女性一般较倾向于获得一份稳定工作

4. 毕业一两年，同学之间还看不出差距，可是三五年、十年呢？你很可能在你的第一份对个人发展不能带来多少意义的工作中，浪费掉你人生黄金三五年中的一两年，落后于你的同龄人。

* 对于“第一份工作”，作者的观点是：

A 无所谓

B 意义重大

C 可以随便试试

5. 在过去，婚姻大事几乎都是由父母决定的，而且门当户对最重要，只有男女双方的社会地位和经济情况相当，才有可能结婚。有时，男女双方甚至婚前互相都没见过面。

* “门当户对”指的是：

A 婚姻由双方父母决定

B 双方各方面条件接近

C 男方的经济情况很好

6.“90后”们认为爱情和经济实力同样重要。他们更重视婚姻质量，会因为爱而结婚，也会因为不爱了而离婚。方先生说：“我们‘90后’的婚姻观主要有三点。没有爱情，别谈婚姻；婚姻不但要取暖，还要取乐；婚后要保持独立和个性。”

* 关于“90后”的婚姻观，不正确的是：

A 有爱情才能走入婚姻

B 婚姻质量是最重要的

C 经济实力比爱情更重要

7. 像北京、上海、广州这样的大城市，工作机会多，文化生活丰富，对很多来自小城市或者农村的年轻人有很大的吸引力。但同时，来自生活及工作方面的压力也同样巨大。高房价、高消费、压力大使得有些年轻人开始考虑逃离“北上广”。

* 这段话指出了这些年轻人怎样的心理？

A 对大城市生活反感

B 热爱大城市的生活

C 对大城市又爱又恨

8. 越来越多的海归选择毕业后回国工作、创业。各地政府为了吸引海外人才，都推出了很多相关的优惠政策：资金补助、住房优惠、解决户口等。以北京为例，留学人员来京创业、工作，不受出国前户口所在地限制，可长期居留，也可短期工作，来去自由。

* “海归”是指：

A 海外来华的外国学生

B 海外留学回国的学生

C 有海外工作经历的人

* 根据这段话，海归可以享受到的优惠是：

A 免费得到住房

B 有利的创业环境

C 必须回户口所在地

9. 有人说对部分大学生来说，“毕业等于失业”。但是真的缺少就业机会吗？现实的情况是：一方面，有的毕业生找不到合适的工作；另一方面，有的公司却招不到人。原因是什么？其实，随着中国经济的快速发展，毕业生们是可以找到很多工作机会的。但是对于刚毕业的大学生，公司提供的薪水肯定是不高的。一些毕业生入职后，最关心的就是薪水问题，“既想干得少，又要拿得多”，干不了几个月就辞职的大有人在。

*根据上下文，“毕业等于失业”的意思是：

A 毕业了找不到工作

B 毕业后在家里工作

C 毕业后不想找工作

*根据这段话，一些毕业生找不到工作的原因是：

A 工作不太适合自己

B 适应不了工作环境

C 只想少干活儿多挣钱

10. 在大众旅游时代，人们的旅游目的地大多是各地的名胜古迹。而如今，人们更希望通过旅游放松身心，或通过深度游来增长见识。人们不再满足于传统的旅游方式，更多的人开始注重高品质的服务和享受，各种休闲游、主题游越来越流行。出游选择越来越个性化，每个人可以按照自己的想法，设计不一样的出游计划，说走就走。很多年轻人不再参加旅行团，而是选择自由行。人们走进一个地方，在那里停下来，零距离地体验当地的文化和习俗。

*下面哪一项表达了这段话的主要意思？

A 旅游观念和方式发生变化

B 受年轻人欢迎的旅行方式

C 新旅行时代带来哪些好处

*下面哪一项最能代表新旅行时代的特点？

A 零距离

B 个性化

C 说走就走

第九课　汉语里你不可不知的“四大……”

第一部分：知识银行

（一）常用字

1　随　suí 

形声字，由意符“辵”（chuò，行进）和声符“隋”（suí，“堕”省声）组成。“随”字本义是追寻坠崖者、追踪。

现代汉语常用义：跟从；顺便；任意地。一般做构词语素，不单独使用。

例：随着　入乡随俗（rùxiāng-suísú，to Do in Rome as the Romans do）

随手〔suíshǒu，conveniently (with doing something)〕　随便

练习：选择合适的词语填空

A 随时随地　　B 随身　　C 随后

（1）这七天假期，我先去上海看了父母，________又去了西安。

（2）现在人们可以________上网，十分方便。

（3）乘坐国际航班旅行时，请________带好护照。

2　发　fà　fā 

“发”在合并简化为简体字前，是两个字——“髮”（fà）和“發”（fā）。

“髮”，形声字，由意符“髟”（biāo，长发）和声符“犮”（bá，狗奔跑时被拖绊的样子）两部分组成。本义是人的头发，现代汉语常用义是头发。

例：长发　理发馆

剪发（jiǎn fà，to have a haircut）　染发（rǎn fà，to dye one’s hair）

“發”，形声字，由意符“弓”（gōng，弓箭）和声符“癹”（bá，用脚除草）两部分组成。本义是发射弓箭。

现代汉语常用义：发出；发生。常做构词语素，但也可单独做动词，如“发信息”“发快递”等。

例：发邮件　发电　发烧　发现

练习：指出下列画线词语中的“发”哪个是“头发”的意思，哪个是与“发出、发生”意思有关的，并试着解释词义

（1）火车的发车时间是 13:30。

（2）那位老人满头白发。

（3）他很生气，跟大家发火了。

（4）跑了一会儿，身体有些发热。

（5）爱迪生（Àidíshēng，Thomas Alva Edison）发明了留声机。

（6）这件衣服很适合她的新发型（xíng，type）。

（二）常用书面词语

1 必： 副词，意思是“一定要”。

（1）烤鸭是人们来北京必尝的美食。

（2）西湖是游客来杭州必去的地方。

2 而： 连词，连接动词、形容词或词组、分句等，表示前后两项有并列、递进或对比关系。

（1）他是一个聪明而努力的人。

（2）北京烤鸭肥而不腻。

（三）常用句式

说到……，……

（1）说到中国篮球，人们常常会提起姚明。

（2）说到北京最有名的景点，人们想到的一定是故宫、颐和园和长城。

练习：用“说到……，……”改写句子

（1）一提起四川，大家就会想到四川火锅和可爱的大熊猫。

____

（2）法国的巴黎和意大利的米兰被认为是“世界时尚之都”。

____

第二部分：技巧训练

技巧（九）：识别关联词语（guānlián cíyǔ，conjunction words）

阅读时，可以通过文章中的关联词语理解词与词、句子与句子、段落与段落之间的语义关系。例如：

虽然明天天气不好，但是因为我们只有这一天假期，所以还是决定去长城。

练习：画出句子中的关联词语

（1）“电子钱包”既可以向孩子的“电子钱包”里转零花钱，也可以和自动售货系统连接。

（2）你发现没有？我们的钱包正在变得越来越空，不但钞票少了，而且各种银行卡也慢慢少了。

（3）一说到“四大发明”，人们想到的就是由英国汉学家李约瑟最早提出的，中国古代对世界影响很大的四种发明：造纸术、指南针、火药及印刷术。而今天我们说的是现代的“新四大发明”，这同样也是由外国朋友总结出来的。

第三部分：阅读实践

（一）精读

1 生词学习

1	四大发明	sì dà fāmíng		four great inventions (in ancient China): the compass, gunpowder, papermaking, and printing	
2	发明	fāmíng	N	invention	一项发明；发明家 爱迪生是伟大的发明家。
			V	to invent	电脑是由一位美国数学家发明的。
3	提	tí	V	to put forward, to mention	提意见；提出（来）；提起 这几条意见是大家在会上提出来的。 他经常跟我们提起在北京留学的事。

4	总结	zǒngjié	V	to sum up, to summarize	总结经验；总结一下儿 工作为什么没做好，我们要好好总结一下儿原因。
			N	summary	工作总结；写总结 你的总结写完了吗？
5	紧密	jǐnmì	Adj	close, inseparable	关系紧密；紧密的联系 这两家公司的关系很紧密。 虽然在不同的国家，但是他们一直保持（bǎochí，to keep）着紧密的联系。
6	高铁	gāotiě	N	high-speed railway	
7	支付宝	zhīfùbǎo		Alipay	
8	共享单车	gòngxiǎng dānchē		shared bicycle	
9	印象	yìnxiàng	N	impression	留下印象；印象深刻 这次去西安的旅行给我留下了很深的印象。 西安的兵马俑（bīngmǎyǒng，terracotta warriors and horses）让我印象深刻。
10	缩短	suōduǎn	V	to shorten	缩短时间； 缩短距离（jùlí，distance） 有了高铁，从北京到上海的时间大大缩短了。 网络缩短了人与人之间的距离。
11	制造	zhìzào	V	to make, to manufacture	制造工具；中国制造 这种新型飞机是最新制造出来的。
12	懒得	lǎnde	V	not to feel like doing something	懒得做饭；懒得打扫房间；懒得动 下课以后我们很累，懒得走路，就打车回家了。

2 热身练习

（1）找出与中国古代四大发明有关的图片

① 造纸术（zàozhǐshù）________

② 指南针（zhǐnánzhēn）________

③ 火药（huǒyào）________

④ 印刷术（yìnshuāshù）________

A

B

C

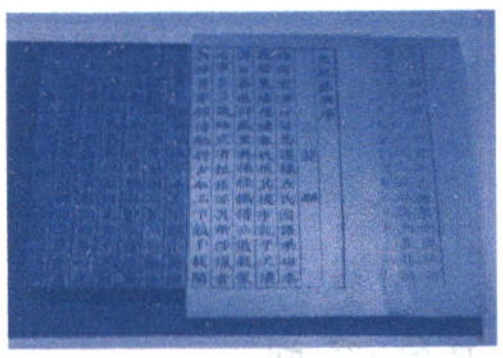

D

E

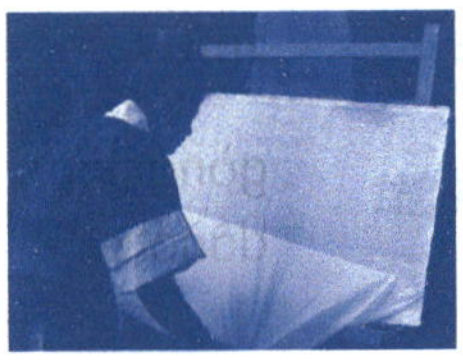

F

G

H

I

（2）根据汉语读音找到相应的国家名称

A 波兰　B 尼泊尔　C 罗马尼亚　D 斯里兰卡　E 印度尼西亚　F 泰国

① Nepal________　② Poland________　③ Sri Lanka________

④ Thailand________　⑤ Indonesia________　⑥ Romania________

3 课文：汉语里你不可不知的“四大……”

► 第一步：读前思考，读后回答

思考题：

（1）你听说过汉语里带有“四大……”的词语吗？

（2）课文里说的“新四大发明”是什么？

1 汉语里有"数字＋大＋……"这样的说法，比如"两大目标""三大城市""四大发明"什么的。我们今天说说"四大……"。中国历史上有很多"四大……"，比如：文学方面有"四大名著"，历史人物有古代的"四大美女"。现代生活中，存钱有"四大银行"，听流行歌曲有"四大天王"。要说最近特别火的"四大……"，那就得说"新四大发明"了。

2 一说到"四大发明"，人们想到的就是由英国汉学家（hànxuéjiā，Sinologist）李约瑟（Lǐ Yuēsè，Joseph Terence Montgomery Needham）最早提出的，中国古代对世界影响很大的四种发明：造纸术、指南针、火药及印刷术。而今天我们说的是现代的"新四大发明"，这同样也是由外国朋友总结出来的。

3 前一段时间，网上有一个视频引起了人们的关注，是让来自20个国家的外国朋友回答同一个问题：你最想把中国的什么带回国？

4 你能猜到答案吗？

5 大家最想带回去的就是跟生活关系紧密的高铁、支付宝、网购和共享单车。让来自尼泊尔的姑娘印象最深的是高铁和支付宝，高铁让北京到上海的旅程缩短到了4个多小时，成为中国制造的新名片，支付宝让中国人出门不必再带着钱包。印度尼西亚、泰国、波兰的同学首选的是万能的网购平台，饿了可以随手把外卖点回家，懒得去逛商场可以在网上购物到家，洗车、打扫、做饭、寄快递都有到家服务。斯里兰卡、罗马尼亚的同学极力推荐共享单车，共享单车方便又实惠，既省钱，又能锻炼身体，一举两得。

6 高铁、支付宝、网购和共享单车，这就是外国朋友眼中的"新四大发明"。

7 除了今天提到的这些，你还知道汉语中的哪些"四大……"呢？

（课文字数：598字）

▶ 第二步：从课文中找出以下问题的答案

（1）除了"四大发明"和"新四大发明"，课文中还提到了哪些"四大……"？查查这些"四大……"的意思，给大家介绍一下儿。

（2）关于新老“四大发明”，下列哪一项在文中没有提到？

A 都是外国人总结出来的

B 对中国人生活影响很大

C 人们不用买自行车了

D 人们出门可以不用带钱包

► 第三步：根据课文内容，总结一下儿“新四大发明”给人们的生活带来了什么改变

“新四大发明”	带来的改变

► 第四步：句义理解（用自己的话解释下列句子中画线的语句）

（1）前一段时间，网上有一个视频引起了人们的关注，是让来自 20 个国家的外国朋友回答同一个问题：你最想把中国的什么带回国？（第 3 段）

____

（2）印度尼西亚、泰国、波兰的同学首选的是万能的网购平台，饿了可以随手把外卖点回家，懒得去逛商场可以在网上购物到家，洗车、打扫、做饭、寄快递都有到家服务。（第 5 段）

____

► 第五步：词义理解（为画线词语选择合适的意思）

（1）中国古代对世界影响很大的四种发明：造纸术、指南针、火药及印刷术。（第 2 段）

A 很　　B 和　　C 或者

（2）斯里兰卡、罗马尼亚的同学极力推荐共享单车。（第 5 段）

A 好极了　　B 没力气　　C 特别想

（3）共享单车方便又实惠，既省钱，又能锻炼身体，一举两得。（第 5 段）

A 一只手能举起来两样东西

B 做一件事，得到两方面好处

C 说明一个事物要举两个例子

（4）根据画线汉字在每个词语中的意思，找出每组中与其他词语意思不同的那项

①A 造纸　B 造船　C 制造　D 造句

②A 发火　B 着火　C 烟火　D 火药

③A 手印　B 印象　C 印刷　D 脚印

▶ 第六步：朗读课文

（二）泛读

你“移动支付”了吗？

1 出门的时候，你必带的三样东西是什么？答案肯定是手机、钥匙、钱包。手机用来联系，钥匙用来开门，钱包用来支付。但是你发现没有？我们的钱包正在变得越来越空，不只是钞票少了，各种银行卡也慢慢少了。如果来中国，你还会看到很多人都不带钱包，消费的时候只用手机里的微信或支付宝进行支付。我们已经进入改变1000多年来传统支付方式的移动支付时代。

2 比尔·盖茨（Bǐ'ěr Gàicí，Bill Gates）在他1995年的书《未来之路》中想象过一种“电子钱包”，它可以向孩子的“电子钱包”里转零花钱，可以和自动售货系统连接，付款时不用拿钱包，只要从收银台附近走过就行，而现在这种“电子钱包”已经实现。

3 移动支付就是要通过手机、电脑等，实现随时随地的支付。对消费者来说，这种支付方式更安全、方便和快捷；对商家来说，可以通过查看网上的购物记录，看出消费者的购物喜好和

生词：

1. 移动　yídòng　V
   to move
2. 支付　zhīfù　V
   to pay
3. 发现　fāxiàn　V
   to find
4. 连接　liánjiē　V
   to connect
5. 安全　ānquán　Adj
   safe, secure

习惯，以更好地推销商品。

4　现在，智能手机已经普遍使用，银行卡和手机绑定在一起，从在网上下单买书，到就餐后用手机扫码付钱，甚至餐后几个朋友的AA制买单，再到手机转账、在手机上交付水电网费、过节发红包等，一部手机就足够了。有人说，手机就是你的银行。出门的时候，只要带手机和钥匙就可以了。未来，很可能随着新技术的发展，最终的传统出门"三件套"就变成一部手机了。

（课文字数：共520字）

6. 普遍　pǔbiàn　Adj
common, universal
7. 绑　bǎng　V
to bind
8. 转账　zhuǎn//zhàng　VO
to transfer accounts
9. 技术　jìshù　N
technology

1 内容理解

（1）根据课文，关于移动支付，下列哪一项正确？

A 现在中国人都使用移动支付

B 移动支付是传统的支付方式

C 越来越多的人使用移动支付

D 移动支付只对消费者有好处

（2）手机支付的好处，哪一项在课文中没有提到？

A 手机有了钥匙的功能　　B 餐后朋友能一起买单

C 方便、快捷地交水电费　　D 在手机上可以下单购物

2 根据课文内容判断对错（在括号中填"对""错"或"没提到"）

（1）比尔·盖茨1995年想象的"电子钱包"无法实现。（　　）

（2）商家可通过移动支付知道人们的购物习惯。（　　）

（3）移动支付必须同时带手机和银行卡。（　　）

（4）现在中国人过节不发实物红包了，都用手机发。（　　）

3 词义理解（为画线词语选择合适的意思）

（1）我们已经进入改变1000多年来传统支付方式的<u>移动支付</u>时代。（第1段）

A 走着去交钱　　B 在电脑、手机上付钱　　C 改变付钱方式

（2）它可以向孩子的“电子钱包”里转零花钱。（第 2 段）

A 学费和住宿费　　B 餐费和医药费　　C 平时自由花的小钱

（3）对消费者来说，这种支付方式更安全、方便和快捷。（第 3 段）

A 速度快　　B 容易用　　C 付钱少

（4）银行卡和手机绑定在一起。（第 4 段）

A 一定　　B 放在一起　　C 连在一起

4 为下面的词语找出相应的图片

（1）钥匙（第 1 段）________

（2）自动售货系统（第 2 段）________

（3）收银台（第 2 段）________

（4）扫码（第 4 段）________

（5）AA 制（第 4 段）________

A

B

C

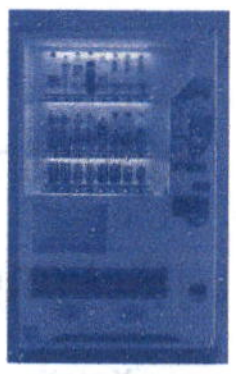
D

E

5 说一说

（1）你习惯用移动支付吗？什么时候你会用现金支付？

（2）你在网上购物时，怎么付钱？

（三）实况阅读

1 到家服务

现在，互联网上出现了一些到家服务网站，你不用出门，在家里就可以享受上门服务。例如：上门家政服务、上门美甲、上门洗车、上门按摩等等。很多上门服务也都有自己的手机应用，方便人们下载使用。

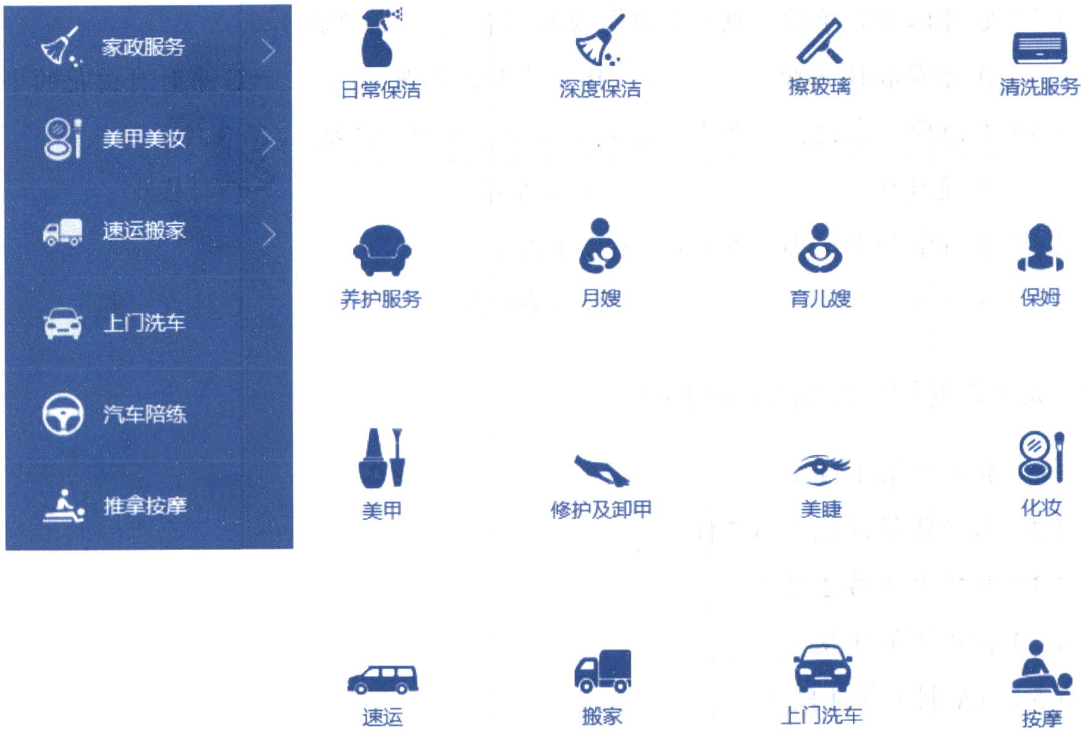

（1）生词

① 享受	xiǎngshòu	V	to enjoy
② 家政	jiāzhèng	N	housekeeping
③ 美甲	měijiǎ	V	to have a manicure
④ 按摩	ànmó	V	to massage
⑤ 手机应用	shǒujī yìngyòng		APP
⑥ 下载	xiàzài	V	to download

（2）回答问题

小美平时手机不离身，很多事情都用手机办。根据下边手机 APP 的图标信息，帮小美整理一下儿，看看这些可能是哪方面的手机应用。

① e洗车 ________　② e家洁 ________　③ 悦康送 QUICK CARE ________

④ 好厨师 ________　⑤ 嘟嘟美甲 ________　⑥ 饿了么 ________

2 信息查找

根据某网站的图书信息，写出中国古典小说“四大名著”的具体书名，并根据评论找出相应的电视剧剧照。

中国古典小说“四大名著”是：

（1）《________》，剧照________　　（2）《________》，剧照________

（3）《________》，剧照________　　（4）《________》，剧照________

 ¥46.30 红楼梦原著版（套装上下册）（全两册） 50万+条评价 人民文学出版社 自营 放心购 关注 电子书 加入购物车	商品评价 好评度 99% 品质一流(617) 图文清晰(239) 印刷上乘(200) 质地上乘(105) 珍藏佳品(38) 经典之作(35) 全部评价(50万+) 晒图(500) 视频晒单(700+) 追评(1700+) 好评(40万+) 中评(2100+) s***u ★★★★★ 喜欢林妹妹！她和贾宝玉的爱情故事让人叹息。这本书也能看出中国古代社会的世态百相。非常值得读！
 ¥36.60 西游记原著版（套装上下册）（全两册） 50万+条评价 人民文学出版社 自营 放心购 关注 电子书 加入购物车	商品评价 好评度 99% 品质一流(448) 图文清晰(166) 印刷上乘(160) 质地上乘(63) 毫无异味(28) 经典之作(21) 全部评价(50万+) 晒图(500) 视频晒单(700+) 追评(1700+) 好评(40万+) 中评(2100+) s***u ★★★★★ 书好看，电视剧更好看。唐僧、孙悟空、猪八戒、沙和尚师徒四人西天取经的故事，每个暑假必看！美猴王的形象更是深入老百姓的心中。
 ¥29.60 三国演义（套装上下册）（全二册）（中 50万+条评价 人民文学出版社 自营 放心购 关注 加入购物车	商品评价 好评度 99% 品质一流(448) 图文清晰(166) 印刷上乘(160) 质地上乘(63) 毫无异味(28) 经典之作(21) 全部评价(50万+) 晒图(500) 视频晒单(700+) 追评(1700+) 好评(40万+) 中评(2100+) s***u ★★★★★ 描写了东汉末年，魏、蜀、吴三个国家之间的政治和军事斗争。汉语里有很多成语都是从三国的故事里来的。必读书！

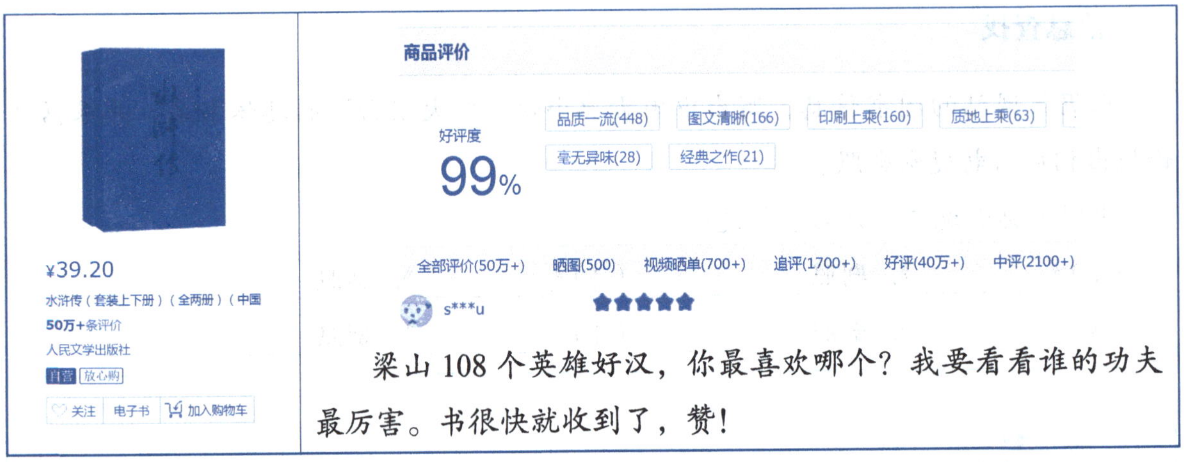

“四大名著”电视剧剧照：

A

B

C

D

第四部分：趣味汉语

（一）“火药”的得名原因

学了这么长时间的汉语，你一定知道“火”和“药”两个字的意思，那你能想到本课提到的“四大发明”之一——“火药”为什么叫“火药”吗？原来，最早的时候，中国古代有人追求长生不老，想用火炼出一种让人吃了就不会死的药，没想到无意中发明了“火药”。虽然它最终用于和“药”无关的军事、战争等，可由于最初是从炼药得来的，所以被称为“火药”。

（二）“算盘”与“秤”

你见过它们吗？知道它们是做什么用的吗？

算盘（suànpan，abacus）

秤（chèng，steelyard）

猜猜下列熟语的意思

- 打如意算盘
- 打小算盘
- 不当家不知柴米贵，不拿秤怎知斤和两
- 人人心中有杆秤

第十课　经济在身边

第一部分：知识银行

（一）常用字

1　求　qiú 

象形字，字形像“天牛”等昆虫。本义是多足虫，后来假借为请求、需求等义。

现代汉语常用义：请求；要求；需求；追求；等等。可单独成词，也可做构词语素。

例：请求（qǐngqiú，to ask, to request）　要求（yāoqiú，to require, to demand）

　　需求（xūqiú，demand）　追求（zhuīqiú，to pursue）

练习：选择合适的词语填空

A 要求　　B 需求　　C 求助

（1）市场对这类产品的________在减少。

（2）有困难可以向警察________。

（3）员工们________提高工资。

2　得　dé 

会意字，字形的左边是“”，表示“路”，右边像一只“手”（）拿着一个“贝壳”（），意思是“在路上捡到了贝壳”。本义为得到、获得。

现代汉语常用义是“得到”。可单独成词，也可做构词语素。

例：得到　得病　取得　赢得

练习：选择合适的词语填空

A 求之不得　　B 夺得　　C 得分

（1）学校的足球比赛，我们队________了冠军。

（2）这次考试他________最高。

（3）这真是________的好机会。

（二）常用书面词语

1 非：动词，意思是“不是”。例如：

（1）这些都是非卖品。

（2）非本校学生不得在学校图书馆借书。

“非……不可”的意思是“必须做某事”或者“某事一定会发生”。例如：

（3）他病得很重，非住院不可。

（4）如果不好好准备，比赛非输不可。

2 故：连词，意思是“所以、因此”。

（1）因护照已过期，故不能办理签证。

（2）北京今日大雨，故飞机没能按时起飞。

（三）常用句式

……有助于……

（1）这些方法有助于睡眠。

（2）这门课有助于提高大家的阅读水平。

练习：用“……有助于……”改写句子

（1）早餐吃这几种食物对提高注意力有帮助。

____

（2）这种植物对改善室内空气质量有帮助。

____

第二部分：技巧训练

技巧（十）：识别影响全句意义的词语

有时句子中的关键词语会影响全句的意义和语气，例如一些表示语气的副词，掌握这些词语有助于我们理解整个句子的意义和语气。例如：

这么重要的事，你难道不知道吗？

“难道”一词加强了反问语气，该句的意思是“这么重要的事你应该知道”。

练习：结合画线词语理解下列句子的意思，并回答问题

（1）终于下雪了。（说话人希望下雪吗？）

（2）他果真辞职了。（说话人在“他”辞职以前，知道“他”想辞职吗？）

（3）今天去爬山，偏偏下起了雨。（说话人希望下雨吗？）

（4）他竟然不知道这件事。（说话人觉得“他”应该知道这件事吗？）

第三部分：阅读实践

（一）精读

1 生词学习

1	实惠	shíhuì	N	material benefit	低价让顾客得到了实惠。
			Adj	practical	这个牌子的车经济实惠。
2	成本	chéngběn	N	cost	生产成本；成本高；降低成本 公司在想办法降低生产成本。
3	关税	guānshuì	N	customs duty	零关税；进口关税； 提高关税；降低关税 两国的进出口产品将实现零关税。
4	注册	zhù//cè	VO	to register, to enroll	注册公司；注册账号 他们打算注册一家新公司。 下载这个 APP，再注册一个账号就能用了。
5	外资	wàizī	N	foreign capital	外资公司；吸引外资；利用外资 这个地区吸引了很多外资公司。
6	税收	shuìshōu	N	tax revenue	减少税收；增加税收； 降低税收；提高税收 减少税收对经济发展有利有弊。
7	优势	yōushì	N	advantage	人数优势；价格优势 他们队比我们队多一人，有人数优势。
	劣势	lièshì	N	disadvantage	
8	需求	xūqiú	N	demand	满足需求；需求量 公司要了解并满足市场的需求。

9	政策	zhèngcè	N	policy	经济政策；税收政策；优惠政策 大学毕业生创业可享受一些优惠政策。

2 热身练习

（1）为下面的词语找出相应的图片

① 市场：车市________ 楼市________ 股市________ 金市________

A

B

C

D

② 产业：农业________ 工业________ 旅游业________ 娱乐业________

A

B

C

D

（2）选择合适的词语填空

A 政策　B 成本　C 优势　D 税收　E 需求

① 这种产品现在市场______量很大。

② 新技术大大降低了生产______。

③ 增加______对经济有什么影响？

④ 这个地区拥有便利的对外交通条件，这是一大______。

⑤ 在自由贸易区（zìyóu màoyìqū，free-trade zone）开公司，可以享受什么优惠______？

3 课文：自由贸易区给百姓带来了什么？

► 第一步：读前思考，读后回答

思考题：

自由贸易区会给人们的生活带来什么变化？

1　中国已经有上海、天津、广东等多个自由贸易区。那么，自贸区能给人们带来哪些实惠呢？

2　实惠一，“海淘”们有福了。海外商品可直邮中国，同款同价，使用人民币支付。部分商品在消费者下单后可直接从自贸区发货，缩减了成本和时间。

3　实惠二，进口商品便宜了。自贸区进口商品关税降低，价格比市场便宜10%～30%，天天都是“双十一”。另外，在自贸区购买同款进口汽车，会比国内汽车4S店便宜15%至30%不等。

4　实惠三，出境旅游更便捷。自贸区内可注册中外合资旅行社，提高了出国游的便利程度。外资旅行社来到自贸区可享受税收优惠，旅游产品有价格优势，可供游客选择的旅游路线也更多。当然，这有可能会给中国旅游业带来一定的影响，但竞争有助于中国本土旅行社不断提高服务质量，更好地满足市场需求。

5　实惠四，休闲娱乐项目将更加丰富，消费者将更容易欣赏到原汁原味的国外娱乐项目和文艺演出。

6　实惠五，创业可享受优惠政策。在自贸区里开办一家新的公司将变得更简单，还可享受进出口税收优惠政策。

（课文字数：408字）

▶ 第二步：从课文中找出以下问题的答案

（1）简单介绍一下儿自由贸易区可以给人们带来哪些实惠。

____

（2）自由贸易区对中国旅游业有什么影响？（第4段）

A 中国旅行社的服务品质会降低

B 去国外旅行的中国人越来越多

C 对中国的旅行社有不好的影响

D 中国旅行社与外资旅行社竞争

▶ 第三步：根据课文内容判断对错（在括号中填“对”“错”或“没提到”）

（1）消费者在自贸区购买海外产品可享受零关税。（　　　　）

（2）自贸区外资旅行社的旅游产品价格比较便宜。(　　　　　)

（3）在自贸区购买进口汽车，价格较低。(　　　　　)

（4）在自贸区开办公司可免税。(　　　　　)

▶ 第四步：句义理解

（1）部分商品在消费者下单后可直接从自贸区发货，缩减了成本和时间。(第2段)

A 消费者为省钱可以选择从自贸区发货

B 消费者可以以更低的价格更快地收到货

C 消费者可享受到和海外发货同样的优惠

（2）第3段“在自贸区购买同款进口汽车，会比国内汽车4S店便宜15%至30%”，这句话的意思是，在自贸区购买汽车会比在国内汽车4S店便宜：

A 15%或30%　　　　B 15%和30%　　　　C 15%到30%

▶ 第五步：词义理解

（1）根据上下文理解下列画线词语的意思

①第2段中的“海淘”是指什么人？

A 经营海运的人　　　　B 海外购物的人　　　　C 海外留学的人

②第2段“同款同价”中的“款”指什么？

A 样式型号　　　　B 货品价格　　　　C 生产厂家

③第4段中的“价格优势”是什么意思？

A 同质低价　　　　B 同质同价　　　　C 同质高价

④第4段“中国本土旅行社”中的“本土”是什么意思？

A 原来的　　　　B 乡村的　　　　C 本地的

⑤第5段“原汁原味的国外娱乐项目和文艺演出”中的“原汁原味”是什么意思？

A 精彩的　　　　B 地道的　　　　C 丰富的

（2）根据课文内容填空

A 外资　　B 竞争　　C 需求　　D 实惠　　E 关税　　F 质量

自贸区的设立给百姓带来了很多__①__。进口商品__②__降低，价格比市场便宜很多；__③__旅行社的进入带来了__④__，中国旅行社也会提高服务__⑤__，以满足市场的__⑥__。

▶ 第六步：朗读课文

（二）泛读

生活中的经济学

1 **为什么牛奶装在方盒子里卖，而可乐装在圆瓶子里卖？**

2 人们买牛奶如果不马上喝或者一次喝不完，会放在冰箱里，方形的盒子会比圆形的少用一些空间。而饮料一般是马上喝，圆瓶子拿起来更顺手。

3 **为什么过去黑色的苹果笔记本电脑比同款的白色笔记本电脑贵150美元？**

4 过去，大部分苹果笔记本电脑是白色的。对价格不敏感的买家，会更愿意以高价购买黑色的。黑色的看上去独特而时尚，故能吸引这一类买家，商家因此可获得更多的利润。

5 **为什么很多酒吧喝水要钱，却提供免费的花生米？**

6 难道是因为花生米的成本比水低吗？当然不是，但顾客吃了花生米很可能会点更多的酒。而水喝多了，便会减少对酒的需求。从这一点可以看出供求关系的秘密。

7 **为什么商场中男装部在低楼层，而女装部在高楼层？**

生词：

1. 装 zhuāng V
   to pack... into
2. 时尚 shíshàng Adj
   fashionable
3. 获得 huòdé V
   to obtain, to get
4. 利润 lìrùn N
   profit
5. 供求 gōngqiú N
   supply and demand

8　女士买衣服时比男士更用心，一般在服装上的花销比男士高两倍，多走几层楼不会减少女士们的购物热情。但是，男士一般不认为非买某件衣服不可。上好几层楼会让男士觉得麻烦，说不定就不买了。另外，女士买服装时可能会顺便为丈夫买衬衣什么的，但男士一般不会这样做。因此，如果女装在低楼层，男装在高楼层，可能会影响商场的销售量。

（课文字数：464 字）

1　你明白课文中的四个“为什么”了吗？找出每个的关键词，用自己的话说一说

（1）为什么牛奶装在方盒子里卖，而可乐装在圆瓶子里卖？

（2）为什么过去黑色的苹果笔记本电脑比同款的白色笔记本电脑贵 150 美元？

（3）为什么很多酒吧喝水要钱，却提供免费的花生米？

（4）为什么商场中男装部在低楼层，而女装部在高楼层？

2　词义理解

（1）为画线词语选择合适的意思

① 圆瓶子拿起来更顺手。（第 2 段）

A 轻

B 好看

C 方便

② 对价格不敏感（mǐngǎn）的买家，会更愿意以高价购买黑色的。（第 4 段）

A 喜欢买便宜东西的人

B 不知道商品价格的人

C 买东西不太关心价格的人

（2）模仿例子写出缩略词语

①供应和需求——供求
②经济贸易——
③私营企业（qǐyè，enterprise）——
④对外贸易——
⑤自由贸易区——
⑥科学技术——
⑦国有企业——
⑧个人所得税——

3 说一说

（1）为什么商品的价格常常不是整数，比如“198元”“1999元”，而不是“200元”“2000元”？

（2）你还知道哪些生活中有趣的经济学小知识？

（三）实况阅读

1 银行短信通知

轻松理财！您尾号8899的中国工商银行信用卡12月20日16:50消费的6,000元可办理短信分期付款，6、12、24期任意选择，如同意请转发此短信至95588，即可收到交易代码、手续费和优惠信息。如需退订，可直接回复“TDFQ#卡号后四位”。工银信用卡【中国工商银行】

（1）生词

①理财	lǐ//cái	VO	to manage money
②办理	bànlǐ	V	to handle, to transact
③分期付款	fēnqī fùkuǎn		payment by installments
④代码	dàimǎ	N	code
⑤手续	shǒuxù	N	procedure

（2）回答问题

①这条短信的发出者是谁？
②这条短信是关于什么的？
③如果你想办理短信分期付款，应该怎么做？
④如果你不想再收到这类短信，应该怎么做？

2 信息查找

（1）刚刚来到中国，你需要换个新手机号，根据套餐情况，回答问题

①如果平时很少打电话，也不常用手机流量上网，最好选择哪种套餐？

A 18 元套餐　　B 58 元套餐　　C 98 元套餐

②如果一家三口想共用一个套餐，平时打电话较少，最好选择哪种套餐？

A 58 元套餐　　B 78 元套餐　　C 98 元套餐

③如果套餐内的语音时间用完了，打国内电话每分钟话费是多少钱？

A 0.1 元　　B 0.15 元　　C 0.3 元

畅享套餐（2021 版）

套餐资费	套餐内包含		副卡	
	国内语音	国内流量	张数	资费
18 元	100 分钟	2GB	——	——
38 元	200 分钟	6GB	——	——
58 元	300 分钟	20GB	2 张	10 元 / 张 / 月
78 元	500 分钟			
98 元	700 分钟			

套外资费标准：18 元、38 元套外国内流量按照 5 元 / GB 收取，58 元、78 元、98 元套外国内流量按照 3 元 / GB 收取；国内语音 0.15 元 / 分钟；国内短信 0.1 元 / 条；国内彩信 0.3 元 / 条。

（2）生词

①套餐	tàocān	N	package
②资费	zīfèi	N	charges
③国内	guó nèi		domestic
④语音	yǔyīn	N	voice call
⑤流量	liúliàng	N	flow
⑥副卡	fù kǎ		secondary card
⑦标准	biāozhǔn	N	standard, criterion
⑧彩信	cǎixìn	N	multimedia message

第四部分：趣味汉语

（一）生活的智慧

下面是一些关于经济生活的常用语和熟语，你知道它们的意思吗？

- 大手大脚
- 省吃俭用
- 开源节流（kāiyuán-jiéliú，to broaden the source of income and reduce expenditure）
- 有钱不买半年闲
- 对于浪费的人，金钱是圆的；可是对于节俭的人，金钱是扁平（biǎnpíng，flat）的，是可以一块块堆积（duījī，to accumulate）起来的。

（二）经济学小知识

木桶效应（Mùtǒng Xiàoyìng，Bucket Effect）

一只木桶能装多少水，要看它最短的那块木板（bǎn，plank, board）。一只木桶想装满水，每块木板都要一样长，而且没有破损（pòsǔn，damaged）。对一个企业来说，最短的那块“板”其实也就是漏洞（lòudòng，loophole, flaw），必须马上想办法补（bǔ，to mend, to patch）上。

第十一课　经商的智慧

第一部分：知识银行

（一）常用字

1　经　jīng 

会意兼形声字。繁体字为“經”，“糹”为意符，“巠”为声符，同时也表意，表示“织布机上的竖线”，也就是“經”的本义。

现代汉语常用义：经过；历久不变的；经营；等等。一般做构词语素，不单独使用。

例：已经　经验　经常　经营

练习：选择合适的词语填空

A 经历　　B 经商　　C 经一事

（1）________，长一智（zhì，wisdom）。

（2）这本书介绍了他在海外留学的________。

（3）他喜欢________，最近开了一家公司。

2　商　shāng 

会意字，字形下半部分是“祭祀用的桌子”，上半部分是“桌子上摆放的物品”。“商”的本义是祭祀。

现代汉语常用义：商业；商量；商人；等等。一般做构词语素，不单独使用。

例：经商　商场　商谈　出口商

练习：选择合适的词语填空

A 外商　　B 商定　　C 商业街

（1）两家公司已经________了合同（hétong，contract）的细节。

（2）王府井是北京有名的________，有很多商店。

（3）有很多________来这里投资（tóuzī，to invest）。

（二）常用书面词语

1 方：副词，意为“才”。

（1）这个小姑娘年方十八。

（2）这家超市只有会员方可享受折扣。

2 未：副词，意思是“没”，跟“已”相对。

（1）一般来说，未成年人指未满十八周岁的公民。

（2）我们了解的只是这个世界的一部分，还有很多未知的事物。

（三）常用句式

在……下

（1）在大家的共同努力下，我们出色地完成了任务。

（2）在学校的严格要求下，学生们都养成了很好的学习习惯。

练习：组句

（1）影响　在　的　下　家人，　一个球迷　他　成了　也

____

（2）情况　在　下　紧急，　拨打　可以　你　这个求助电话

____

第二部分：技巧训练

技巧（十一）：词语的感情色彩

有些词语，除了词汇意义以外，还有色彩意义。比如，感情色彩、语体色彩等。其中感情色彩主要表达喜爱或憎恶、肯定或否定等感情，语体色彩主要体现为词语具有口语或书面语特征。根据感情色彩可以把词语分为褒义（bāoyì，commendatory）、中性（zhōngxìng，neutral）和贬义（biǎnyì，derogatory）三种。例如：

（1）走—溜（liū，to sneak away）

①考试结束，大家都走了。（中性）

② 他做错了事，怕妈妈批评他，偷偷地溜了。（贬义）

（2）果断（guǒduàn，decisive）—武断（wǔduàn，arbitrary）

① 他做事非常果断，很有主见。（褒义）

② 他不了解情况就说我们做得不好，太武断了。（贬义）

练习：根据句子的意思，猜一猜下列画线词语的感情色彩

（1）有些父母对孩子太溺爱（nì'ài），孩子做错事也不批评。

（2）他十分傲慢（àomàn），觉得别人都不如自己。

（3）因为他工作不认真，导致（dǎozhì）了严重的后果。

（4）这是我们努力的成果。

（5）他有大智慧（zhìhuì）而不是小聪明，因此才能这么成功。

第三部分：阅读实践

（一）精读

1 生词学习

1	地位	dìwèi	N	status, position	经济地位；社会地位；地位很高 在中国古代，商人的社会地位不高。
2	致富	zhìfù	V	to amass wealth, to become rich	科学致富；致富的方法 修路是帮助山区农民致富的方法之一。
3	签订	qiāndìng	V	to conclude and sign	签订合同； 签订协议（xiéyì，agreement） 双方已经签订了房屋买卖合同。
4	诚信	chéngxìn	Adj	honest and trustworthy	讲诚信；诚信做人；诚信经商 做人、做生意都要讲诚信。
5	信任	xìnrèn	V	to trust	信任朋友；互相信任 他对朋友十分信任。
6	赢得	yíngdé	V	to win, to gain	赢得比赛；赢得信任 他做生意讲诚信，赢得了合作伙伴的信任。
7	推动	tuī//dòng	VC	to promote	推动发展；有推动作用；快速推动 这项政策大大推动了当地的经济发展。

8	勤劳	qínláo	Adj	diligent, hard-working	勤劳节俭；勤劳勇敢 她勤劳节俭，热爱生活。
9	智慧	zhìhuì	N	wisdom	生活的智慧；经商的智慧；有智慧 这本书介绍了许多经商的智慧。
10	胆识	dǎnshí	N	courage and insight	有胆识；胆识过人 他很有胆识，是个成功的商人。
11	符合	fúhé	V	to accord with, to conform to	符合条件；符合要求 符合条件的同学都可以报名参加比赛。
12	风险	fēngxiǎn	N	risk	风险投资 股市（gǔshì，stock market）有风险。
13	资金	zījīn	N	fund, capital	一笔资金； 投入（tóurù，put into）资金 这个新项目需要投入一大笔资金。

专有名词

1	范蠡	Fàn Lǐ	PN	Fan Li (536 B.C. — 448 B.C.), a statesman, militarist and economist of the Spring and Autumn Period
2	春秋时期	Chūnqiū Shíqī	PN	Spring and Autumn Period (770 B.C. — 476 B.C.)
3	越国	Yuèguó	PN	State of Yue of the Spring and Autumn Period
4	齐国	Qíguó	PN	State of Qi of the Spring and Autumn Period

2 热身练习

（1）为下面的词语找到相应的图片

① 耕种土地________　② 手工业者________

③ 财富________　④ 四通八达________

A

B

C

D

（2）选择合适的词语填空

A 风险　B 签订　C 诚信　D 信任　E 推动

① 做生意要讲________。

② 两家公司已经________了合同。

③ 他待人真诚，赢得了大家的________。

④ 股市有________，投资一定要谨慎。

⑤ 旅游业大大________了当地经济的发展。

3 课文："商圣"范蠡

▶ 第一步：读前思考，读后回答

思考题：

在你看来，经商最重要的是什么？

1　在中国古代很长一段时间里，都有重农轻商的思想，那时商人的社会地位比读书人、农民、手工业者低。但商业却一直是致富最快、极富魅力的行业。

2　范蠡是中国历史上最早的商业学家，被后人尊称为"商圣"。他曾经三次通过经商成为巨富，又三次散尽家财救济贫困的人。

3　最早的时候，范蠡为春秋时期的越国做事。帮越王打败敌国后，他就辞官离开了。范蠡很有商业头脑，他买下了齐国海边的土地，勤于耕种，同时经营海产品。范蠡对给他干活儿的人很好，非常照顾他们，大家也都非常愿意为他工作。

4　开春的时候，范蠡与农民、商人签订商品收购合同，合同规定，到年末，如果商品价格上涨的话就按照时价从农民手里收购，价格暴跌的话就按照合同价格收购，不使别人受损失。范蠡经商有想法，又诚信，而且经常热心帮助穷人，使他得到了大家的信任，赢得了很多稳定的合作伙伴。短短几年时间，范蠡就成了当地的富人。

5　齐王听说了范蠡，就请他去齐国做官。范蠡大力发展齐国的经济，开通齐国与周边国家的商贸之路。在范蠡的努力下，齐国的经济很快就繁荣发展起来了。然而，三年后范蠡再次选择了辞官离去。

6　又一次散尽家产后，范蠡来到了陶地，改名为朱公。范蠡发现陶地是一个适合经商的好地方，这里交通便利，四通八达，于是他开始了新的经商致富之路。在范蠡的推动下，陶地成了商贸中心、富商之城。

7　范蠡经商成功的原因离不开四点：诚信、勤劳、智慧、胆识。他的经商思想被后人整理、总结成了《陶朱公商训》。比如：要会选地；要会发现商机，把产量多的地方的东西运到产量少的地方去卖；卖符合时节的商品；经商总会遇到一些未知的风险，既要谨慎又要有胆识，商品价格有涨必有跌，要在商品价格极低时大量买入，等到价格上涨的时候全部卖出，不要一直留在手中；重视货物质量；资金要流通；在赚到大笔财富后，拿出一部分投入到社会中。

8　范蠡有着大智慧，同样一件事他总能看得比别人深刻。抓住事情的核心方能成大事，他的经商之道至今还很值得人们学习。

（课文字数：799 字）

► 第二步：从课文中找出以下问题的答案

（1）范蠡曾经三次经商成为巨富，他成功的原因是什么？

______

（2）根据课文，说说范蠡经商的智慧。课文里用了哪些褒义词来介绍他的人品？

______

► 第三步：根据课文内容，连接人物及相关事件，并按照事情发生顺序排序

人物
范蠡
齐王
越王

事件
A 辞官，去海边一个地方做生意
B 去齐国做官，发展齐国经济
C 打败敌国
D 在陶地做生意，改名为朱公
E 在越国做官
F 听说了范蠡的故事，请他去做官

事情发生顺序：E→______→______→______→______→______

► 第四步：句义理解

（1）他曾经三次通过经商成为巨富，又三次散尽家财救济贫困的人。（第 2 段）

A 他经商成功了三次，又三次失去钱财离开家人

B 他三次想经商，但是都没有足够的资金，生活变得贫困

C 他三次经商都挣到了很多钱，又三次把钱拿出来帮助穷人

（2）如果商品价格上涨的话就按照时价从农民手里收购。（第 4 段）

A 如果当时的价格比合同价格高，就按照当时的价格买卖

B 如果当时的价格比合同价格低，就按照合同价格买卖

C 如果当时的价格比合同价格高，就按照合同价格买卖

（3）三年后范蠡再次选择了辞官离去。（第 5 段）

A 三年后，范蠡想去做官，于是离开了

B 三年后，范蠡第一次选择了离开

C 三年后，范蠡又一次不做官，离开了

► 第五步：词义理解（根据上下文，说说下列词语的意思）

（1）重农轻商（第 1 段）——

（2）极富魅力（第 1 段）——

（3）勤于耕种（第 3 段）——

（4）价格暴跌（第 4 段）——

（5）商机（第 7 段）——

（6）符合时节（第 7 段）——

（7）核心（第 8 段）——

► 第六步：朗读课文

（二）泛读

员工餐与公司“性格”

1 三大科技公司的员工餐——A 公司自费吃，B 公司快点儿吃，C 公司随便吃。

生词：

2　A公司餐厅的食物是要付费的，不过菜品种类多，味道也很棒。据说曾经有生病的员工去外边的店买更美味的食物，所以公司开始请当地口碑好的店加入员工餐厅。菜价有高有低，只要肯花钱就能吃到想要的食物。

3　能吃到美味的食物当然好，可是如果天天都有免费的午餐是不是更棒呢？在C公司的员工餐厅，一切都是免费的。

4　Amin Ariana在A公司和C公司两家公司都工作过，她认为两家公司的差别就像《星球大战》和《星际迷航》。A公司是《星球大战》，它是一个商业帝国，根据自己的经济实力自由选择，拿出金钱就能得到各种想要的食物；而C公司是《星际迷航》，像一个乌托邦，员工不用考虑价格，只需关注食物。因为C公司希望员工们除了工作以外，不用担心别的事情。

5　现在，C公司在全球拥有185个宽敞、舒适的员工餐厅，员工可以随意享用美味的食物，悠闲地聊天儿。而B公司的餐厅却狭小而拥挤，坐在座位上吃饭变得匆匆忙忙，因为身旁站满了正在找座位的人。

6　人们不明白B公司为什么这样做。其实原因是B公司要求所有员工对自己的工作内容保密，除了老板和同事，在其他人面前不聊不该聊的，不问不该问的。不舒适的就餐环境使员工匆忙地吃完就马上离开，没时间闲聊。而C公司希望员工能在就餐时的聊天儿中发现新的创意。

1. 口碑　kǒubēi　N
   word-of-mouth, reputation
2. 加入　jiārù　V
   to join, to take part in
3. 《星球大战》
   《Xīngqiú Dàzhàn》　PN
   Star Wars
4. 《星际迷航》
   《Xīngjì Míháng》　PN
   Star Trek
5. 帝国　dìguó　N
   empire
6. 乌托邦　wūtuōbāng　N
   Utopia
7. 创意　chuàngyì　N
   original idea, creative conception

7　员工餐的不同更多的是由于公司文化有差异，从员工餐中也可看出一个公司的“性格”。

（课文字数：582 字）

本文改编自界面网文章《微软、苹果、谷歌的公司文化差异　居然从员工餐就能看出来》，作者席春慧

8. 差异　chāyì　N　difference

1　用课文中的语词描述下列两家公司的员工餐

A 公司	
C 公司	

2　根据课文内容，对比下列两家公司员工餐厅的不同，并说说原因

公司	餐厅情况	原因
B 公司		
C 公司		

3　句义理解

（1）……要求所有员工对自己的工作内容保密。（第 6 段）

A 保护员工们的个人信息

B 员工可秘密地谈论工作

C 不允许把工作信息外传

（2）员工餐的不同更多的是由于公司文化有差异。（第 7 段）

A 员工餐与公司文化有非常大的差异

B 公司文化的不同是因为员工餐不同

C 公司文化差异决定了员工餐的不同

4　从课文中找出与下列说法意思相近的词语

（1）自己付费（第 1 段）——

（2）愿意（第 2 段）——

（3）不用花钱（第 3 段）——

（4）关心注意（第 4 段）——

（5）（地方）又大又舒服（第 5 段）——

（6）急急忙忙，赶时间的样子（第 6 段）——

5 说一说

如果可以选择，A 公司、B 公司和 C 公司三家公司，你愿意去哪家？为什么？

（三）实况阅读

1 某产品广告语

我们一直有一个梦想，就是设计一部真正懂用户的手机，一部既拥有卓越的性能，又拥有人性关怀的手机。科技带给人们的不再只是身边的一个设备，而是手中的伴侣。

"Dream7"圆你人生七梦！

（1）生词

① 性能	xìngnéng	N	function (of a machine)
② 关怀	guānhuái	V	to show solicitude for
③ 科技	kējì	N	science and technology
④ 伴侣	bànlǚ	N	companion, mate, partner

（2）回答问题

① 这个广告最打动你的是哪句话？

② 试着给自己使用的手机设计几句精彩的广告语。

2 为下面的广告语找到各自的类别

（1）食品：____________________

（2）日常生活用品：____________________

（3）通信产品：____________________

（4）媒体：____________________

A 引领通信未来
B 康师傅方便面，好吃看得见
C 健康美味，从这里开始
D 看《环球时报》，把地球带回家
E 要想皮肤好，早晚用大宝
F 有新闻的地点就有我们
G 找工作，上 58 同城
H 一分钟凉爽，三分钟暖房
I 牙好，胃口就好，吃吗吗香
J 农夫山泉有点儿甜
K 充电五分钟，通话两小时

（5）根据广告语，猜一猜 H、I、K 分别是什么商品的广告。

（6）你知道哪些精彩的广告语？给同学们介绍一下儿。

第四部分：趣味汉语

（一）“商人”的由来

“商人”这个词是怎么来的呢？传说中国最早的商人名叫王亥（约公元前 19 世纪），他是商族的首领（shǒulǐng，leader），发明了牛车。他最先想到用牛车拉着货物去别的地方交易，外族人看到商族人用牛车、马车拉着货物来了，就会喊“商人来了，商人来了”，其实是“商族人来了”的意思。时间长了，“商人”的意思就发生了变化，变成了“做生意的人”，用于交换的物品被称为“商品”，商人从事的行业被称为“商业”。

（二）经商名言

画出下列经商名言中你认为最能体现经商智慧的关键词

1. 沈万三 Shěn Wànsān（约 1286—1379）：

会做生意的人，要抓住商机，把握（bǎwò，to seize）时机，果断地买进卖出，才能获得利润。

2. 史蒂夫·乔布斯 Steve Jobs（1955—2011）：

要创造未来，你不能靠销售讨论组。你不能只问顾客要什么，然后想法子给他们做。等你做出来，他们已经另有新欢了。

3. 安德鲁·卡耐基 Andrew Carnegie（1835—1919）：

如果把我的厂房设备、材料（cáiliào，material）全部烧了，但只要我的全部员工都在，几年以后，我还将是一个钢铁（gāngtiě，steel）大王。

（三）经商的智慧

- 和气生财
- 货真价实好为商
- 买卖不成仁义（rényì，benevolence and righteousness）在

第十二课　汉字与谐音

第一部分：知识银行

（一）常用字

1　同　tóng 

会意字，字形由一种四人抬东西的工具和“ㅂ”（口）两部分构成，表示四人一起行动。本义为共同做事，引申为相同、一样。

现代汉语常用义：相同；一样。一般做构词语素，不单独使用。

例：相同　同意　同时　同事（tóngshì，colleague）

练习：选择合适的词语填空

A 同行　　B 同岁　　C 共同

（1）他们两个人都是1990年出生的，两人________。

（2）打网球是他们几个人________的爱好。

（3）我们俩是________，都是教英语的。

2　法　fǎ 

会意字，“法”的一种繁体字形是“灋”，从“氵”（水），表示法律、法度公平如水，从“廌”（zhì），即獬豸（xièzhì），神话传说中的一种神兽，据说它能辨别曲直。本义为法律。

现代汉语常用义：法律；方法。一般做构词语素，不单独使用。

例：法律（fǎlǜ，law）书法（shūfǎ，calligraphy）办法　方法

练习：选择合适的词语填空

A 做法　　B 想方设法　　C 用法　　D 合法

（1）虽然遇到了困难，也要________完成任务。

（2）赌博（dǔbó，gambling）在有些国家是________的，而在有些国家是非法的。

（3）今天新学的这个生词，________有点儿难。

（4）我想知道这个菜的________。

（二）常用书面词语

1 为此：表示下文说的行为是出于上文的原因，相当于“因为这个”。

（1）他想去国外留学，为此，辞了现在的工作。

（2）我想练习汉语口语，为此，找了一个中国老师。

2 于：介词，引进与动词有关的时间和处所，意思可以理解为“在、从”。

（1）他毕业于北京大学。

（2）出于全面考虑，公司没有同意他辞职。

（三）常用句式

一 V 就是＋时量短语

（1）这儿经常下雨，而且一下就是好几个小时。

（2）这孩子太爱玩儿手机游戏，一玩儿就是几个小时。

练习：用“一 V 就是”改写句子

（1）她每次给家人打电话都很长时间，至少半小时。

____

（2）他的工作经常需要出差，每次大概三到五天。

____

第二部分：技巧训练

技巧（十二）：用缩略法找出句子主干

阅读时遇到长难句，可以使用缩略法找出句子的主干，即把一些修饰语（xiūshìyǔ，modifier）或举例（jǔlì，to give an example）性的词语略（lüè，to omit）去。例如：

新的支付方式，如微信支付，具有方便、快捷、安全等特点，受到大家的欢迎。

练习：用缩略法找出句子主干并画出来

（1）他决定学习世界上近 20% 的人都在说的汉语。

（2）研究汉字是“汉字叔叔”最大的爱好，他想要弄清楚汉字的变化过程、同一个汉字古今意义的异同等等。例如，“汉语”的“汉”，开始是一条河的名字，最早的“汉”字——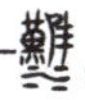，下面是水，上面左边是一种黄色的土，右边是一只水鸟。

技巧（十三）：流水句主语辨识

汉语中有一种流水句，主语具有隐含性，句子间少用或不用关联词。阅读时，需要能够辨识各个小句的主语。例如：

我早上出门看见两只猫，一白一黑，等我一走过去，就跑开了。

这个句子补齐主语是：“我早上出门看见两只猫，（两只猫）一白一黑，（两只猫）等我一走过去，（两只猫）就跑开了。”

练习：补充画线部分的主语

（1）44 岁时，他心脏病发作，________被告知剩下的时间不多了，________因此要快点儿做自己最想做的事情，________就是把中国最早的字典——《说文解字》数字化。

（2）我不像你，________说出国留学就出国留学，________不用考虑工作和生活的问题。我现在就得考虑毕业后找什么工作，________家里还有一个弟弟、一个妹妹，都在上高中，________得赚钱供他们上大学。

第三部分：阅读实践

（一）精读

1 生词学习

1	故事	gùshi	N	story, tale	讲故事；童话故事 妈妈给孩子讲了一个故事。
2	收入	shōurù	N	income	收入高；收入低；低收入；工资收入 他找到了一份收入很高的工作。
3	扫描	sǎomiáo	V	to scan	把……扫描到……；扫描软件；扫描文件 他已经把照片扫描到电脑里了。

4	研究	yánjiū	V	to study, to research	研究问题；认真研究 明天我们开会研究一下儿这个问题。
5	异同	yìtóng	N	differences and similarities	观念的异同；文化的异同 这本书介绍了中西方文化的异同。
6	遇到	yùdào		to run into, to encounter	遇到一个人；遇到困难；遇到问题 刚刚工作时，他遇到了很多困难。
7	点击	diǎnjī	V	to click	点击进入；点击量 你找到那个网站（wǎngzhàn，website），点击进入就看到了。

专有名词

1	台湾	Táiwān	PN	Taiwan, a province of China
2	天津	Tiānjīn	PN	Tianjin, a city of China

2 热身练习

（1）为下面的词语找出相应的图片

①签证 ________ ②活动 ________ ③字典 ________ ④字源 ________

A

B

C

甲骨文 金文 小篆 楷书

D

（2）选择合适的词语填空

A 异同　B 扫描　C 点击　D 收入

①您______一下儿这个二维码，就可以支付了。

②这是中国______量最大的新闻网站之一。

③他最近找到一份高______的工作，终于不用再因为钱而紧张了。

④今天的上课内容主要是比较这两种语言的______。

3 课文："汉字叔叔"的汉字情

► 第一步：读前思考，读后回答

思考题：

（1）你喜欢学习汉字吗？

（2）你知道有什么学习汉字的网站吗？

1 2012年，中国网友发起了一个"让'汉字叔叔'留在中国"的活动，这让"汉字叔叔"在网上火了起来。最后，"汉字叔叔"得到了在北京一所大学工作的机会，可以继续留在中国。

2 "汉字叔叔"是谁？他有什么故事？为什么那么多人愿意帮他？

3 "汉字叔叔"名叫 Richard Sears，中文名是斯睿德（Sīruìdé），1950年出生于美国。22岁时，为了让自己的生活更有趣，斯睿德决定学习世界上近20%的人都在说的汉语。他不顾家人的反对来到中国台湾，从零开始学习汉语。

4 在接下来的近20年时间里，虽然他常住中国，但是他的汉语水平仅能满足基本的口语交流，读和写都很成问题。于是他在40岁时，又做了一个惊人的决定——他要学习汉字，而且是从古汉语书开始。

5 44岁时，他心脏病发作，被告知剩下的时间不多了。他因此要快点儿做自己最想做的事情，就是把中国最早的字典——《说文解字》数字化。他回到美国找了一份收入还不错的工作，租了最便宜的房子，花钱请了一个中国阿姨帮他扫描古书。他们用了7年的时间，把4本古书的10万个汉字扫描进电脑。

6 研究汉字是"汉字叔叔"最大的爱好，他想要弄清楚汉字的变化过程、同一个汉字古今意义的异同等等。例如，"汉语"的"汉"，开始是一条河的名字，最早的"汉"字——，下面是水，上面左边是一种黄色的土，右边是一只水鸟。

7 2002年，"汉字字源"网站正式上线，免费让全世界的人使用。2011年，他的网站慢慢引起人们的关注，他也因此被中国网友称为"汉字叔叔"。2012年2月，"汉字叔叔"来到中国天津，一边工作一边研究汉字。可是他很快遇到了

困难——签证到期。中国网友知道了他的故事后，非常希望他能留下来，为此，发起了“让‘汉字叔叔’留在中国”的活动。现在，“汉字叔叔”网站的点击量增加很快，他的故事也被更多的人知道了。

（课文字数：708 字）

▶ 第二步：从课文中找出以下问题的答案

（1）“汉字叔叔”的网站叫什么？是收费的吗？

______

（2）“汉字叔叔”得名的原因是什么？（第 7 段）

A 喜欢学习汉语，汉语说得很好

B 在中国一个大学工作，教汉字

C 研究汉字，建立免费汉字网站

D 把《说文解字》的汉字扫描进电脑

（3）关于“汉字叔叔”，下列哪一项正确？

A 开始学习汉语是在天津

B 因为网友的帮助变得有名

C 自己一个人完成了《说文解字》的扫描工作

D 他的汉字网站点击量一直很大

▶ 第三步：根据课文内容，连接人物及相关事件，并按照事情发生顺序排序

人物
汉字叔叔
网友
中国阿姨

事件
A 在网上发起求助活动
B 来到中国台湾，学习汉语
C 建立“汉字字源”网站
D 扫描《说文解字》
E 在美国租了便宜的房子
F 来到天津，签证到期

事情发生顺序：B →______→______→______→______→______

▶ 第四步：句义理解

（1）他不顾家人的反对来到中国台湾，从零开始学习汉语。（第 3 段）

A 家人同意他去中国台湾，他和家人从零开始学习汉语。

B 他不照顾家人，一个人来到中国台湾，从零开始学习汉语。

C 家人不同意他去中国台湾，可他还是来到台湾，从零开始学习汉语。

（2）就是把中国最早的字典——《说文解字》数字化。（第 5 段）

A 他要把《说文解字》的内容输入电脑

B 他要把《说文解字》按照数字排出来

C 他要花很多钱买很多本《说文解字》

▶ 第五步：词义理解

（1）第 1 段“这让‘汉字叔叔’在网上火了起来”中的“火”是什么意思？

A 发火、生气　　B 变得有名　　C 热

（2）第 7 段“‘汉字叔叔’网站的点击量增加很快，他的故事也被更多的人知道了”中的“点击量”是什么意思？

A 人们查看“汉字叔叔”网站的次数

B 知道“汉字叔叔”的网友数量

C 想要帮助“汉字叔叔”网站的人数

▶ 第六步：选择可以使用画线词语的句子

（1）中国网友<u>发起</u>了一个“让‘汉字叔叔’留在中国”的活动。（第 1 段）

A 来到教室，他才发现没带手机，于是马上回去拿了。

B 决定去西安以后，他马上买好了机票，只等着出发。

C 母亲节快到了，老师建议每个孩子都做一个礼物送给妈妈。

（2）他心脏病<u>发作</u>，被告知剩下的时间不多了。（第 5 段）

A 他的老毛病又犯了，这几天住进了医院。

B 医生治好了她的病，回家后她很快就康复了。

C 人们发现，看病比以前方便多了。

（3）可是他很快遇到了困难——签证<u>到期</u>。（第 7 段）

A 时间到了，还有一个人没来。

B 他得再找一个房子，现在租的房子到下个星期就不能住了。

C 在她上大学的四年里，她自学了法语和韩语。

▶ 第七步：朗读课文

（二）泛读

1 你注意到了吗？在很多中国饭馆的入口常常能看到金鱼；在生意人的办公桌上，常看到玉做的白菜；过春节的时候，中国人家里会倒贴一个个大大的“福”字……你了解它们的含义吗？

2 这就要说说中国文化中的谐音现象了。谐音就是利用语音相同或相近的词语来表达语义。

3 中国民俗中，过春节时，人们会倒着贴“福”字，就是利用了“倒”是“到”的谐音，表达“福到了”的意思。有很多地方春节时会吃年糕，这又有什么说法呢？“年糕”跟“年高”谐音，意思是“年年高，一年比一年好”。前边说的饭馆里的金鱼，是因为“金鱼”和“金玉”谐音，代表金玉满堂，并且“鱼”和“剩余”的“余”也同音。而“白菜”和“百财”谐音，“玉”是“遇”（遇到）的谐音，表达做生意的人希望多赚钱、发大财的美好愿望。

4 生活中与不好的事谐音的词语，大家会尽量避免使用。比如说：“4”与“死”谐音，因此人们一般不喜欢有“4”的电话号码、车牌号；送礼不送雨伞，因为“伞”和“散”（分开）谐音；过年时，打碎东西被认为是不吉利的，如果小孩子打碎了盘

生词：

1. 玉 yù N
jade
2. 倒 dào V
to turn upside down
3. 谐音 xiéyīn V
to be similar in pronunciation
4. 现象 xiànxiàng N
phenomenon
5. 表达 biǎodá V
to express
6. 说法 shuōfǎ N
way of saying things
7. 剩余 shèngyú V
to be left
8. 发财 fā//cái VO
to make a fortune
9. 避免 bìmiǎn V
to avoid
10. 碎 suì V
to break to pieces
11. 吉利 jílì Adj
lucky, auspicious

子或碗，大人们常会说一句吉利话“岁（碎）岁（碎）平安”(每一年都平安)。

5　网络发展了，网络语言也因为谐音丰富起来。你可能听说过“我是他的‘粉丝’”，意思就是“我是他的 fans”，英文“fans”发音跟“粉丝”(一种食品）差不多。还有数字谐音，“520”的意思是“我爱你”，“1314”和“一生一世”谐音，那你可以猜到“5201314”是什么意思了吧？

6　谐音在很多语言中都存在，你们国家的语言中有没有这样的表达方式呢？

（课文字数：618 字）

1　内容理解

（1）最适合做本文标题的是：

A 中国送礼物的文化　　B 中国的语言文化

C 中国过春节的风俗　　D 中国的谐音文化

（2）为下面的词语找出相应的图片

①粉丝________　②贴“福”字________　③玉白菜________

④金鱼________　⑤蝙蝠（biānfú）________　⑥雨伞________

A

B

C

D

E

F

（3）根据课文内容，解释汉语中以下谐音现象，完成表格

谐音现象	代表词语	含义（hányì，implication）
金鱼	金玉 / 余	金玉满堂 / 有剩余，有足够的东西
玉白菜		
门上倒贴的“福”字		
年糕		
伞		
粉丝		
5201314		

2 在文中画线的句子中找出符合下列解释的词语

（1）里边包括的意思（第 1 段）——

（2）想说的意思（第 2 段）——

（3）民间的习惯（第 3 段第 1 句）—— ；使用，用（第 3 段第 1 句）——

（4）有相同的读音（第 3 段第 4 句）——

3 选择画线词语表达的谐音含义

A 送终（照顾去世前的亲人） B 平平安安 C 分离 D 幸福

（1）日常生活中，传统的中国家庭会在桌子上摆放花瓶。（ ）

（2）在中国传统图案中，有很多蝙蝠，你知道这里蝙蝠的含义吗？（ ）

（3）中国人送礼一般不送钟表，因为“送钟”跟汉语里另一个词谐音。（ ）

（4）有些地方的人们认为分着吃梨（lí）不好。（ ）

4 选择合适的词语填空

A 含义 B 现象 C 利用 D 避免

（1）无论做什么事，遇到困难是不可________的。

（2）这本书向人们介绍了千奇百怪的自然________。

（3）送鲜花也是有讲究的，不同的花代表不同的________。

（4）如果能________好这次机会，你将会得到进一步发展。

（三）实况阅读

1 特别的对联

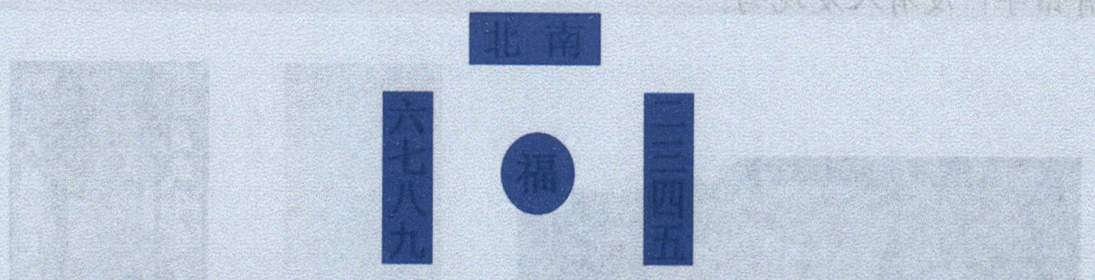

春节贴对联是中国人的习俗。对联一般由横批、上联、下联组成，横批在上，上联在右，下联在左，横批从右往左读。古时有一个人，因为家里来了几次小偷儿，就想了一个主意，在门上写了一副对联，上联是“二三四五”，下联是“六七八九”，横批是“南北”。

有一个读书人路过他家门口，笑了。别人问他为什么笑，他说出了这副对联的含义：缺“一”（衣）少“十”（食），没有“东西”。

（1）生词

① 对联	duìlián	N	antithetical couplet (written on scrolls，etc.)
② 副	fù	M	a pair of (glasses/gloves...)

（2）回答问题

① 这副对联是写给谁看的？

②“缺‘一’少‘十’”有什么含义？

2 信息查找

（1）图片中“避暑山庄”的“避”字，写得对不对？

（2）汉字的“氵”和“灬”各是什么意思？为什么乾隆皇帝写的“花港观鱼”的“鱼”字下边只有三个点儿？

（3）孔子家乡那副有名的对联，为什么“富”字少一“丶”？

历史上有名的错字

假期去旅游，少不了参观名胜古迹。不知道你注意到没有，有的景区里边有错字。为什么会有错字？没有人发现吗？

原来，这些错字背后都有个小故事，有的还有很深的含义。

去承德旅游，一定会去避暑山庄。你看看图片里“避暑山庄”的“避”和我们学过的“避免”的“避”一样吗？错在哪里？原来，这是清朝的康熙皇帝写错了，可是没有人敢说皇帝会写错字，所以就一直留了下来。

去杭州看西湖的时候，有一处有名的景点叫“花港观鱼”，本来“鱼”的繁体字是“魚”，可是清朝的乾隆皇帝为了不让鱼遇到四点儿的火（灬），故意少写了一点儿，让鱼有水（氵），能活。

去孔子的家乡——曲阜旅游时，你会看到一副对联，里边的“富”字没有“丶”，含义是说孔家“富贵无头（边）”。

第四部分：趣味汉语

（一）中国文化中的吉祥物件

在喜庆的场合，人们会用一些吉祥的物件或图案去装饰（zhuāngshì，to decorate），或者互相赠送一些能表达心意的礼物。比如：人们会在新婚夫妇的床上放一些红枣（zǎo，Chinese date）、花生（huāshēng，peanut）、桂圆（guìyuán，longan）、莲子（liánzǐ，lotus seed），是为了取“枣”“生”“桂”“子”四个字的谐音，祝福新婚夫妇“早生贵子”；送新人百合花，是祝福他们“百年好合”；如果有人送你一个玉如意，意思是希望你事事顺意，心想事成；如果礼物上有“鲤鱼跃龙门”的图案，是想表达“经过努力，一定会成功”的鼓励和祝福。

红枣、花生、桂圆、莲子

百合花

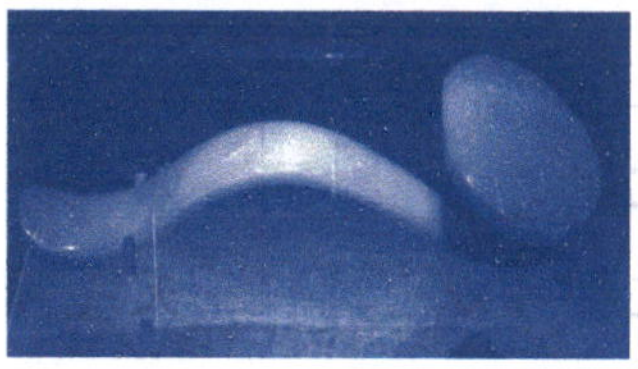

玉如意

鲤鱼跃龙门

（二）字谜

- 你有，他有，我没有
- 不走
- 雨来山倒了
- 一口咬掉牛尾巴

阶段测试（三）

一、选择合适的词语填空

A 避免　　B 总结　　C 赢得　　D 懒得　　E 优势

1. 他向经理提交了这一年的工作________。
2. 这家公司改进了生产技术，提升了竞争________。
3. 这次活动还是安排在室内场馆吧，这样可以________天气带来的不利影响。
4. 今天他下班很晚，________做饭，就点外卖了。
5. 他们通过自己的努力________了这场比赛的胜利。

A 符合　　B 扫描　　C 差异　　D 信任　　E 需求

6. 人们非常喜欢这种便利的支付方式，商家只需要________一下儿顾客手机上的二维码，就可以完成收款。
7. 由于竞争，旅行社也会提高服务质量，满足市场的多元化________。
8. 中国地域广阔，南北方的自然环境、生活习惯和文化习俗________较大。
9. 虽然做的生意不同，但他们都是通过勤劳和诚信致富，赢得了人们的尊重和________。
10. 他的条件很________我们公司的职位要求。

二、排列句子顺序

1. A 就达到要求了
   B 只掌握重点词语的书写方法
   C 这门课学的生词不必都会写　________

2. A 很多老人还是喜欢使用现金
   B 虽然现在微信支付已经很普遍了
   C 但因为用它支付要绑定银行卡　________

3. A 而对外语学习者来说
   B 这种错误十分普遍

C 母语学习者一般不会出现这样的错误

4. A 但他还是对生活抱有信心

B 尽管他遇到了很多困难

C 这是我最欣赏他的地方

5. A 所以消费者对他们的产品充满期待

B 这两家公司的知名度很高

C 而且最近建立了合作关系

6. A 中韩两国已签订自贸协定

B 两国 90% 左右的进出口产品将实现零关税

C 在最长二十年内

7. A 但是再过两年，经过技术团队的不断创新

B 他们的电子产品一定会是市场上最有竞争力的

C 别看这家公司现在产品销量不是太高

8. A 继续保持自己的优势

B 同时学习别人的长处

C 才能取得更大的进步

9. A 那家公司提供的待遇很好

B 继续留在原来的公司研发新产品

C 但他不为这些物质利益所动

10. A 又具有胆识和魅力

B 张经理为人和善

C 赢得了很好的口碑

三、阅读理解

1. 如果今天的会议上他不提，这个问题可能就被人们忽略了。我们真得感谢他。

* “我们”为什么要感谢他：

A 他给“我们”出了一个难题

B 他让“我们”忽略了这个问题

C 他提出了一个有可能会被忽略的问题

2. 上门服务五花八门、无所不包，为那些懒得出门的人提供了便利，有的人甚至可以连续十几天不出家门。

* 从这句话看，有的人在家待十几天的条件是：

A 天气不好，懒得出门

B 很多种服务都可以上门

C 为了尝试各种上门服务

3. 举办奥运会不仅改善了自然环境，也带动了这个地区的经济、文化发展，创造了很多就业机会。同时，新建的场馆在赛后可以再利用，成为人们休闲健身的场所。

* 奥运会的举办：

A 带动了这个地区的整体发展

B 让人们更愿意来这个地区工作

C 会加快赛后其他休闲健身场所的建设速度

4. 最近网上点击量最高的那篇文章说：“树上每一片叶子都是相似的，每一片叶子又都是不同的……使自己成为一个最好的自己。”

* 这篇很多人都看过的文章想说：

A 春夏秋冬，树的叶子掉了还会生长出来

B 我们人类跟叶子一样，都很普通

C 没有相同的两片叶子，人也各有特点

5. 学习语言都可能会遇到这个问题，口语很流利，可是一到写文章就头疼。这说明写作是个综合的能力，口头表达和书面表达是两回事。

* 这句话是想说：

A 口语流利的人不一定能写出好文章

B 把口头说的话写出来就是书面文章

C 书面表达好的人口语也会很流利

6. 一般问题我们可以解决，但诸如此类非常见问题，一定要请专家帮助解决，否则就会像今天一样，不得不取消活动，给公司带来损失。

* 今天活动取消的原因是：

A 出现了一个非常常见的问题

B 没有及时请专家来解决难题

C 按照以前的经验取消了活动

7. 中国GDP虽然排名世界第二，但实际上人均GDP排名在世界的第90位左右，人口众多的中国还是一个发展中国家，许多方面跟发达国家还存在差距。

* 这段话是想告诉我们：

A 中国还是一个发展中国家

B 中国的人均GDP排名第二

C 中国和发达国家之间的经济差距越来越小了

8. “三只松鼠”能在电商食品界取得这样的成绩，不得不提一个自称“松鼠老爹”的人——章燎原。他从传统产业走来，成功跨界。其成功之道源于对互联网精神深刻的理解和一颗勇于创新、创业的心。

* “三只松鼠”是：

A “松鼠老爹”章燎原

B 传统食品产业

C 互联网食品产业

* 这段话主要介绍的是：

A “三只松鼠”的创立情况

B “三只松鼠”取得的成绩

C “三只松鼠”成功的原因

9. 一些商家为了让广告更加吸引人，会套用成语的谐音，比如一家服装公司的广告语是“衣心衣意”，借用了成语“一心一意”，但是这样做不仅是对中小学生语文基础知识的毒害，对有些大人也会造成误导。提笔写谐音错别字是最让语文老师头疼的问题，我们应尊重汉字文化，尊重汉字精神。

* 一些商家套用谐音是由于：

A 尊重汉字谐音文化

B 误导大人和学生们

C 吸引消费者的注意

* 这段话中，作者对商家利用成语谐音的态度是：

A 支持

B 反对

C 不支持也不反对

10. 广东人具有经商的传统，他们具有天生的商品意识。在广东，言必言商，言必言利，全民皆商，你很难分辨出谁是商人、谁不是商人。在香港，很多大富商也多来自广东。广东商人的最大特点就是勤劳，而且办事效率高。广东人的财富并非天上掉下来的，绝大多数广东人是在自己的勤奋努力下走向富裕之路的。他们东奔西跑，把每一分钟都变成效益。由于对时间特别看重，他们办事节奏快、效率高，因此很容易抢到各种有利的商机。

* 广东人经商成功的主要原因是：

A 跟香港人合作比较多

B 勤劳高效，看重时间

C 广东地区有很多人经商

* 这段话介绍的主要内容是广东人：

A 喜欢跑到各地去经商

B 认为做生意的机会是等来的

C 有经商的环境和经商的能力

附　录

语法术语缩略形式一览表

缩略形式 Abbreviations	英文名称 Grammar Terms in English	中文名称 Grammar Terms in Chinese
Adj	Adjective	形容词
Adv	Adverb	副词
Conj	Conjunction	连词
IE	Idiomatic Expression	习惯用语
M	Measure Word	量词
N	Noun	名词
NM	Noun Morpheme	名词语素
Nu	Numeral	数词
PN	Proper Noun	专有名词
Prep	Preposition	介词
Pron	Pronoun	代词
Pt	Particle	助词
Q	Quantifier	数量词
Suf	Suffix	后缀
V	Verb	动词
VC	Verb plus Complement	动补式动词
VO	Verb plus Object	动宾式动词

生词表

A		
安排	ānpái	1
安全	ānquán	9
按部就班	ànbù-jiùbān	7
B		
绑	bǎng	9
保险	bǎoxiǎn	5
抱怨	bàoyuàn	4
北上广	Běi-Shàng-Guǎng	8
逼	bī	6
避免	bìmiǎn	12
变化	biànhuà	6
表达	biǎodá	12
C		
才能	cáinéng	8
差距	chājù	8
差异	chāyì	11
查	chá	5
产品	chǎnpǐn	2
朝阳区	Cháoyáng Qū	4
成本	chéngběn	10
诚信	chéngxìn	11
出现	chūxiàn	6
创业	chuàngyè	7
创意	chuàngyì	11
春节	Chūnjié	6
春秋时期	Chūnqiū Shíqī	11
促销	cùxiāo	2
D		
打拼	dǎpīn	8
打折	dǎ//zhé	2
大部分	dàbùfen	6
胆识	dǎnshí	11
倒	dào	1
倒	dào	12
地位	dìwèi	11
帝国	dìguó	11
点击	diǎnjī	12
调查	diàochá	2
东亚	Dōng Yà	3
独特	dútè	8
锻炼	duànliàn	3
多元化	duōyuánhuà	7
F		
发财	fā//cái	12
发达	fādá	8
发明	fāmíng	9
发现	fāxiàn	9
发展	fāzhǎn	4
法国	Fǎguó	4
繁华	fánhuá	8
反映	fǎnyìng	6
范蠡	Fàn Lǐ	11
范围	fànwéi	8
方式	fāngshì	2
防	fáng	5
放弃	fàngqì	7
放松	fàngsōng	3
分类	fēn//lèi	4
分享	fēnxiǎng	5
丰富	fēngfù	1
风险	fēngxiǎn	11
符合	fúhé	11
G		
敢	gǎn	7
高铁	gāotiě	9
根据	gēnjù	7
工资	gōngzī	8
供求	gōngqiú	10
共享单车	gòngxiǎng dānchē	9
鼓励	gǔlì	4
固定	gùdìng	7
故事	gùshi	12
关税	guānshuì	10

观念	guānniàn	7
冠军	guànjūn	3
规矩	guīju	1
硅谷	Guīgǔ	8
	H	
害怕	hài//pà	6
晃荡	huàngdang	7
获得	huòdé	10
	J	
机会	jīhuì	7
激烈	jīliè	7
吉利	jílì	12
集中	jízhōng	8
记录	jìlù	5
技巧	jìqiǎo	3
技术	jìshù	9
加入	jiārù	11
坚持	jiānchí	3
健身	jiànshēn	3
降	jiàng	2
交通	jiāotōng	4
教育	jiàoyù	8
接触	jiēchù	3
节约	jiéyuē	4
结婚	jié//hūn	6
解决	jiějué	4
金融	jīnróng	8
紧密	jǐnmì	9
谨慎	jǐnshèn	6
禁忌	jìnjì	5
经济	jīngjì	8
经验	jīngyàn	2
竞争	jìngzhēng	7
敬酒	jìng jiǔ	1
就业	jiù//yè	7
举办	jǔbàn	3
聚会	jùhuì	6
	K	
开销	kāixiāo	6

恐惧	kǒngjù	6
控制	kòngzhì	4
口碑	kǒubēi	11
昆明	Kūnmíng	8
困难	kùnnan	8
	L	
垃圾	lājī	4
懒得	lǎnde	9
礼貌	lǐmào	1
理想	lǐxiǎng	7
历史	lìshǐ	1
利润	lìrùn	10
连接	liánjiē	9
劣势	lièshì	10
流行	liúxíng	3
路程	lùchéng	8
路线	lùxiàn	5
旅行社	lǚxíngshè	5
绿色食品	lǜsè shípǐn	4
伦敦	Lúndūn	3
	M	
麻辣烫	málàtàng	1
麻婆豆腐	mápó dòufu	1
满	mǎn	1
满意	mǎnyì	2
贸易	màoyì	8
魅力	mèilì	8
明确	míngquè	7
目标	mùbiāo	7
	N	
南非	Nánfēi	5
脑	nǎo	1
能力	nénglì	7
农药	nóngyào	4
	O	
欧洲	Ōuzhōu	3
	P	
骗	piàn	2
平均	píngjūn	8

普遍	pǔbiàn	9
Q		
齐国	Qíguó	11
强度	qiángdù	3
签订	qiāndìng	11
敲	qiāo	1
亲戚	qīnqi	6
勤劳	qínláo	11
《权力的游戏》	«Quánlì De Yóuxì»	5
R		
软木塞	ruǎnmùsāi	3
S		
扫描	sǎomiáo	12
晒	shài	5
设计	shèjì	5
身材	shēncái	3
绳子	shéngzi	3
省	shěng	2
胜	shèng	3
剩余	shèngyú	12
时代	shídài	5
时尚	shíshàng	10
实惠	shíhuì	10
实现	shíxiàn	8
实用	shíyòng	2
世界无车日	Shìjiè Wúchē Rì	4
世乒赛	Shìpīngsài	3
适合	shìhé	1
适应	shìyìng	3
收入	shōurù	12
竖	shù	1
税收	shuìshōu	10
说法	shuōfǎ	12
思考	sīkǎo	6
四川	Sìchuān	1
四大发明	sì dà fāmíng	9
塑料袋	sùliàodài	4
碎	suì	12
损失	sǔnshī	5
缩短	suōduǎn	9
T		
台湾	Táiwān	12
态度	tàidu	6
逃	táo	8
特点	tèdiǎn	6
提	tí	9
提高	tí//gāo	4
提供	tígōng	5
天津	Tiānjīn	12
突然	tūrán	5
团	tuán	5
推动	tuī//dòng	11
W		
外资	wàizī	10
味道	wèidao	1
文化	wénhuà	1
稳定	wěndìng	7
乌托邦	wūtuōbāng	11
污染	wūrǎn	4
X		
吸引	xīyǐn	2
习惯	xíguàn	3
习俗	xísú	5
现象	xiànxiàng	12
相反	xiāngfǎn	6
相信	xiāngxìn	6
消费	xiāofèi	2
谐音	xiéyīn	12
辛苦	xīnkǔ	8
欣赏	xīnshǎng	5
信任	xìnrèn	11
信心	xìnxīn	7
《星际迷航》	«Xīngjì Míháng»	11
《星球大战》	«Xīngqiú Dàzhàn»	11
行程	xíngchéng	5
需求	xūqiú	10
需要	xūyào	2

Y		
压力	yālì	3
压岁钱	yāsuìqián	6
研究	yánjiū	12
医疗	yīliáo	8
一辈子	yíbèizi	6
移动	yídòng	9
异同	yìtóng	12
意识	yìshi	4
意外	yìwài	5
引起	yǐnqǐ	6
印象	yìnxiàng	9
营销	yíngxiāo	7
营养	yíngyǎng	1
赢得	yíngdé	11
拥堵	yōngdǔ	4
拥有	yōngyǒu	7
优惠	yōuhuì	2
优势	yōushì	10
尤其	yóuqí	6
有效期	yǒuxiàoqī	5
于是	yúshì	6
娱乐	yúlè	3
玉	yù	12
遇到	yùdào	12
越国	Yuèguó	11

Z		
糟糕	zāogāo	4
噪声	zàoshēng	4
增加	zēngjiā	7
涨	zhǎng	2
折扣	zhékòu	2
政策	zhèngcè	10
支付	zhīfù	9
支付宝	zhīfùbǎo	9
制造	zhìzào	9
致富	zhìfù	11
智慧	zhìhuì	11
重视	zhòngshì	1
周围	zhōuwéi	7
注册	zhù//cè	10
转账	zhuǎn//zhàng	9
赚	zhuàn	2
装	zhuāng	10
资金	zījīn	11
资源	zīyuán	4
自主	zìzhǔ	7
总结	zǒngjié	9
租	zū	4
族	zú	6
嘴	zuǐ	1
尊重	zūnzhòng	1

版权声明